U0922755

紫禁城悦读

天子的书房

程子衿◎主编

故宫出版社
The Forbidden City Publishing House

引 言

王羲之《题卫夫人笔阵图后》曰："夫纸者，阵也；笔者，刀稍也；墨者，鍪甲也；水砚者，城池也。"此譬喻颇为新奇，且匠心独运。以文房喻军阵，由此自可窥见文人对笔墨纸砚精良与否的重视。东汉蔡伯喈自矜能书，然非流纨体素，不妄下笔。唐人欧阳通自重其书，然其笔必以象牙犀角为管，狸毛为心，覆以秋毫。相国褚遂良下笔遒劲，然必得精纸良笔，手和墨调，方肯书写。制墨大家韦诞诸书并善，题署尤精，然赠其御用笔墨，皆不任用，非要张芝笔、左伯纸及自制之墨，言"兼此三具，又得臣手，然后可以逞径丈之势，方寸千言"。竟陵王萧子良赞此三珍曰："子邑之纸，研妙辉光；仲将之墨，一点如漆；伯英之笔，穷神尽思。"三珍虽远，邈不可追，然近世四宝亦光彩纷呈。本书以笔、墨、纸、砚为题，精选明清时期的四宝精品，尤甄宫廷御用之器，让大家一睹帝室书房的风范。

苏子美言："明窗净几，笔砚纸墨皆极精良，亦自是人生一乐。"诚不我欺也。

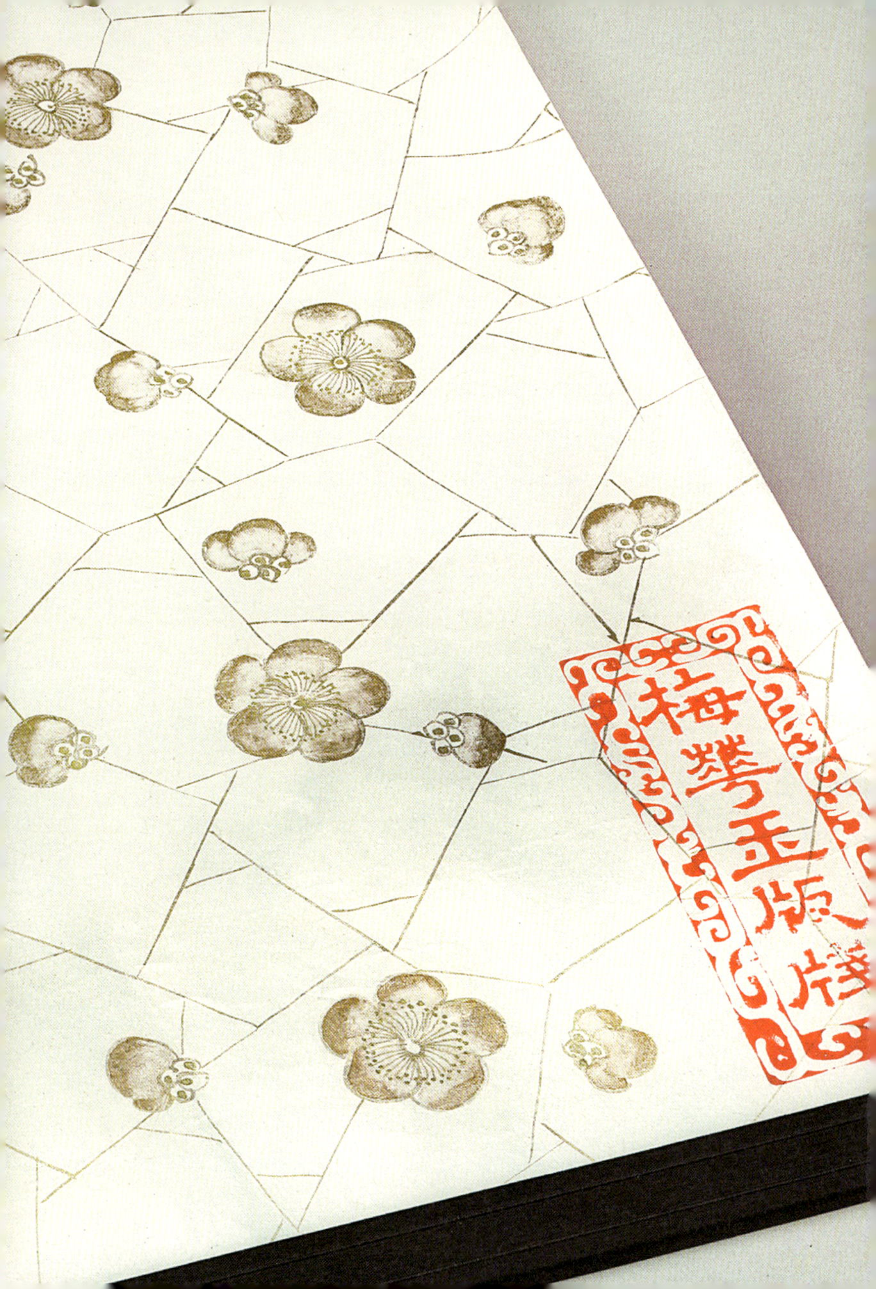
梅花玉版箋

目 录

走进御书房

清代宫廷文房用具

清代宫廷文房用具品类丰富，笔、墨、纸、砚以及文房陈设器具，形式多样。其制作来源广泛，有一些是出自内廷制作，还有一些是来自于地方进贡，或按内廷样式交由地方杭州织造、苏州织造、江宁织造等承办制作，如御用笔、御用纸等。清代内廷设有墨作、砚作，专门负责御用墨和砚品制作。一般是由内廷画师按皇帝谕旨画样呈览准做，即形成“内廷恭造之式”。

清代宫廷御用笔

清代内廷御用笔的制作，所用材质精良，金银玉翠、木竹牙管，应有尽有。表现在装饰、造型方面更趋于观赏性、艺术性，集多种工艺技法于一体，雕镂饰管，极尽工巧。清代仍以浙江湖州制笔最负盛名，每年地方例贡文房用具中均以湖笔数量最多，也有一些题名管笔是按内廷样式交由地方织造承办制作。各地巡抚官员每年朝贡也均以湖笔进贡。

毛笔的种类及其特点

御用毛笔的形制种类丰富，极具特点。其材质有竹管、木管、漆管、瓷管、玉管、玳瑁管、骨角管、牙管等。除一般常用的传统管笔外，还流行一种带斗的提笔和抓笔。其中提笔的形制一般由笔管和笔斗两部分组成，也有管斗一体的形式，在清代

清　万年青管毛笔
管长 19.7 厘米
帽长 9.7 厘米
毫长 4.1 厘米
故宫博物院藏

有大量制作并广为流行。提笔的管斗装饰精美，笔斗与笔管的取材或相同或相异，争相斗艳，既具实用又具装饰效果。笔斗的材质各异，如玉斗、牙斗、木斗、珐琅斗、骨角斗、瓷斗等，形制多样，富于变化。按提笔规格的大小不同，又有小提笔、中提笔、大提笔之分。因提笔纳毫丰满，且笔直沉稳，适宜书写各种书体。抓笔较提笔更加沉稳，纳毫丰满圆健，笔的形制短而粗壮，一般为鬃毫制成，适于书写匾额、横幅大字。

毛笔的选毫讲究，常见有兔毫、羊毫、兼毫、狼毫、貂毫、鬃毫等，并有敷彩毫或点翠笔毫，装饰精美。笔毫的造型也富

清乾隆　乌木彩漆云蝠纹管紫毫笔
管长 19.5 厘米　帽长 9.7 厘米　毫长 4.1 厘米　故宫博物院藏

于变化，有兰花蕊式、笋尖式、葫芦头式等，形式独特。除选毫精细外，其笔颖更具“尖、齐、圆、健”之美，特别是彩毫装饰，更将实用笔的制作与精美的装饰艺术完美结合，形成了清代毛笔各具特色的时代风格。

笔管的题铭及装饰特点

笔管的题铭是清代制笔工艺的特点之一。特别是清代宫廷御用笔，笔管上镌刻题名，一般常为歌功颂德的词语，如“万邦作孚”、“万国咸宁”、“万国来朝”、“表正万方”、“歌舞升平”、

清乾隆　白玉管碧玉斗翠毫提笔
故宫博物院藏

“光被四表”、“泽被遐方”、“珠联璧合”等；或寓意吉祥福寿内容，如“海屋添筹”、“万寿无疆”、“万年景运”、“万福攸同”、“河洛呈祥”、“海晏河清”、“鸾翔凤翥”等，赋予毛笔丰富的文化内涵。又如称赞笔品优良的题铭，如“挥毫落纸生云烟”、“管城无处不生花”、“无思不入奇”、“珠圆玉润”、“中书君”、“宇宙经纶”等溢美之词。另有取悦帝王的词章，如“澄心如玉写黄庭”、“天颜有喜近臣知”等等，表现于笔上，无不构思奇妙。特别是

清乾隆　象牙管红木斗鬃羊毫提笔　故宫博物院藏

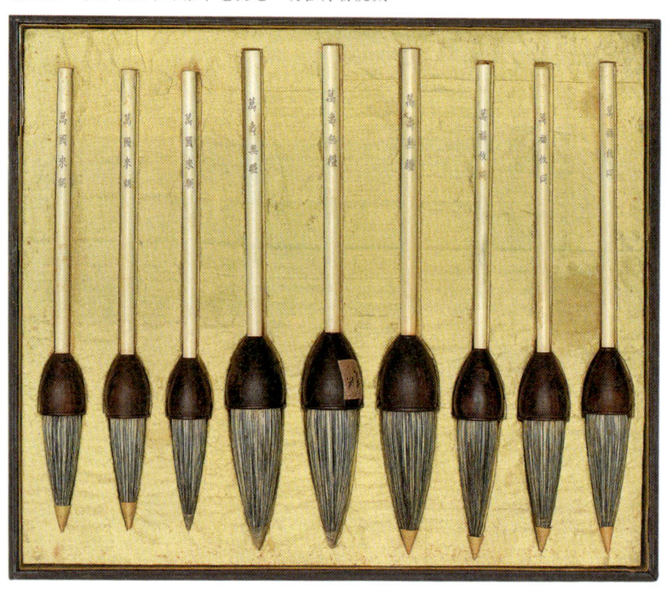

每年元旦或新春，皇帝都要举行开笔仪式，案设盛有屠苏酒的金瓯永固杯，置放朱红描金云龙绢及朱墨,其书“福”用笔，管端镌铭“万年枝”或“万年青”，或“万禩珍用”管笔，御笔亲书吉语，祈福苍生，永保江山基业永固。这些题铭诗句的御用笔，大部分是按内廷的要求或样式交由地方制作。至今故宫博物院藏有文房用笔数千余件，大部分尚未开笔使用，应为内廷御用或陈设备用笔。

由此可见，清代内廷用笔不仅制作精良，种类丰富，而且其来源广泛，特别是杭州所制湖笔，成为宫廷御用笔的主要来源。清内廷御用笔均有特殊的要求，由于内廷的大量需求，每年地方进贡数量可观。一般是按宫廷要求的式样制作。

清中期　青玉镂雕山水人物碧玉提笔
通长 23.3 厘米　故宫博物院藏

清代宫廷御用墨

清代宫廷造办处设有墨作，专门负责御用黑墨和朱墨的制作。墨作自康熙年间建立至清代晚期一直沿袭制作，所制御墨均形成“内廷恭造之式”，以康熙、雍正、乾隆时期最具特点，如以内廷书斋命名于墨品，或仿古集锦墨等，装潢考究，极具皇家品位。墨品均署“御墨”字样或制作年款,其在造型、装饰等方面呈现出宫廷独特的风格。

内廷御墨

清康熙时期以内廷书斋命名的墨品，成为内廷御墨的重要特点之一，如以“佩文斋”命名的墨品有：佩文斋藏墨、佩文斋珍藏墨、佩文斋临古墨、佩文斋法墨；还有以“渊鉴斋”命名的墨品有：渊鉴斋墨、渊鉴斋法墨、渊鉴斋摹古宝墨、渊鉴斋评选古文藏墨、渊鉴斋清赏墨等。这些墨品均署“御墨”字样，且形式各异。以书斋命名于墨，极具文雅情趣。佩文斋是康熙皇帝在畅春园的起居处兼书房，也是该园诸多文馆中最重要的文化活动场所。渊鉴斋与佩文斋紧邻，也是畅春园内的一处重要书房，是康熙皇帝经常临幸并挥毫染翰的场所。乾隆时期内廷御墨的制作仍承袭前朝旧制，也有一些以斋堂轩室命名的墨品，如敬胜斋法墨、敬胜斋珍藏墨、遂初堂藏墨、御制淳化轩墨等，均形成内廷定式。这些以书斋命名的墨品，极具实

清 胡开文款八宝奇珍墨
故宫博物院藏

清中期　汪节庵名花十友墨　故宫博物院藏

用性，不仅成为内廷文化活动的消耗品，而且也赋予墨品浓郁的文化气息。

除以内廷书斋命名于墨品外，内廷墨作还制作有大量的博古集锦墨，墨品的形制不局限于单锭墨，而是以多种形式组合的套墨、博古集锦墨。如乾隆时期所制各式博古墨品，有仿古式、仿康熙朝墨式等，有以造型命名的墨品，也有以纹饰命名的墨品等，多达数十种。如乾隆四十年（1775 年）重装所制博古墨，以 40 种墨式组合而成，分别为螭佩、玉龘、青圭、昭文、国宝、七香图、鱼佩、艳友、春华秋实、仙山楼阁、天保九如、有虞十二章、内殿轻煤等等，并特制红雕漆龙纹墨匣盛装，为内廷精制御墨。这些博古墨除本色黑墨外，还制作有各式彩墨或漱金墨以及在墨品纹饰上描金或彩绘，极具皇家品位。

地方贡墨

清代内廷御用墨品，除上述内廷墨作所制御墨外，还有一些是按内廷样式交由杭州织造、苏州织造、江宁织造等制办，或由地方按年例进贡，每年地方官员均有例贡徽墨。如乾隆时期的《宫中进单》详尽记录了当年地方进贡墨品的情况。

从上述所列各地贡墨分析，地方例贡墨品中多以“朱锭”、“徽墨”共二百锭为数进贡，每年进贡的时间一般都是在四月，或七月、八月，或十二月不同的阶段。每次进贡的墨品均为万年红朱锭和徽墨，其中徽墨有“光被四表”、“太平雨露”、“耕织图墨”等，至今这些贡墨仍有一部分传世。由此可见，徽墨在乾隆时期深受内廷青睐，由于宫廷的大量需求以及对徽州制墨技术的肯定，各地方均以徽墨进贡内廷，从而也影响和促进了徽州各派墨家的竞争发展。至清代晚期，地方官员仍以徽墨进贡。至今故宫博物院藏墨五万余件，其中有很多安徽巡抚进贡的黑墨和朱墨。如光绪年间，安徽巡抚王之春进有“御制棉花图诗墨”、“黄山图墨”、“民生在勤墨”等贡墨。

另外，还有一类徽州墨家特制贡墨。清代徽州以歙县、休宁、婺源三地制墨最负盛名，并也形成了三大制墨派系。其中汪希古、曹素功、汪近圣、汪节庵、胡开文、詹方寰等，世代以制墨为业，均有贡墨制作。如歙派最具代表的墨家是康熙年间曹素功“紫玉光”墨，被列为第一贡品。现今故宫博物院藏有康熙时期曹素功谨制“御制耕织图诗文”墨，以及康熙五十三年（1714 年）汪希古恭摹“御制耕织图诗文”墨，均以康熙御制诗文为蓝本，分别摹勒于墨品，为 47 锭集锦墨形式。此后，至光绪年间，各朝均以御制耕织图诗墨进贡内廷，成为重要的贡墨形式。如汪节庵也有御制耕织图诗墨传世。汪近圣后代沿袭制墨，将汪氏墨品集成《鉴古斋墨薮》。其中所录乾隆朝贡墨，大部分是以乾隆帝御制诗文为蓝本创作墨式，墨模雕刻精细，诗书画印均可摹勒于墨。至今故宫博物院藏有汪氏墨品数百件，对了解汪氏制墨种类、形制特点等具有重要的史料价值。

休宁派所制墨品，多为雅俗共赏，装潢精致，其墨品多是集锦套墨或鉴赏墨等。代表墨家有叶玄卿、叶元英、汪次侯、吴天章、胡星聚、王丽文、胡开文等。特别是胡开文墨，墨品多至 66 种，如艺林珍赏墨、五老图墨等均有贡墨进贡内廷。

婺源派墨家也有少量的贡墨制作，婺源曾是徽墨烟料的主要来源地，素有“点烟于婺源”之说，所制墨品朴实无华。故宫博物院藏有詹永新、詹方寰、詹成圭、詹从先、詹应甲、詹大有等墨家墨品数百余件，署名监制或仿古法制，应为其特制贡墨进贡内廷。

如上所述，清代御用墨品的来源，一部分出自内务府造办处御书处墨作。另有一部分来自于地方的贡墨，这些按年例进贡的墨品，一般是由徽州著名墨肆特制。这些墨品的制作形式不拘一式，墨品不仅注重装饰，而且装潢精美，成为集实用与装饰为一体的艺术珍品。

清代宫廷用纸

清代宫廷用纸制作来源广泛，一般是交由地方织造，按宫廷式样尺度制办，每年各地官员均有纸绢进贡。纸品种类多样。特别是乾隆时期，制作有大量的仿古精制纸，均按内廷发样制作，数以万计的纸品源源不断来自地方进贡。

清代宫廷用纸来源

清代内廷用纸来源广泛，一般是由杭州织造、苏州织造、江宁织造等，按内廷画样承办制作。自清康、雍、乾时期至清代晚期，每年各地朝贡、岁贡、春贡、万寿贡等，均有纸绢进贡，其数量可观。特别是乾隆时期，每年各地进贡纸品数以万计。据清乾隆《宫中进单》记载，苏州织造在乾隆十七年（1752 年）、二十四年（1759 年）、三十三年（1768 年）、三十九年（1774

清晚期　载瀛进设色山水纹诗笺　故宫博物院藏

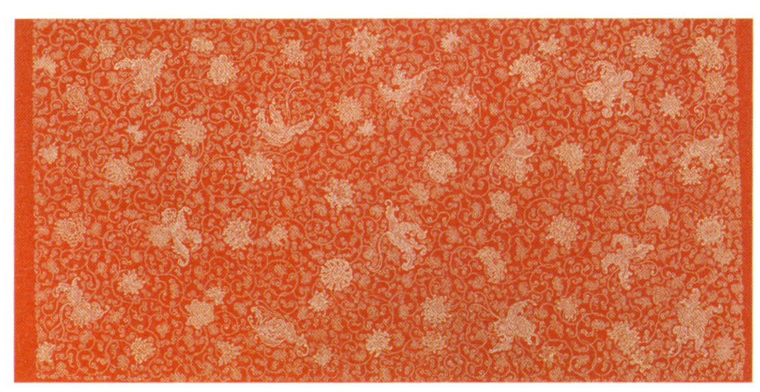

清乾隆　描金宫绢卷轴
长 152.6 厘米　宽 76.9 厘米　故宫博物院藏

年）、四十年（1775 年）、四十一年（1776 年）所贡纸品，仅蜡花笺一项每次进贡一万张。各地进贡的纸品也均有定数。如乾隆四十二年（1777 年）八月，漕运总督德保进贡“上用”纸绢，有“福字绢笺”、“对联绢笺”、“条山绢笺”、“横披绢笺”各一百幅，又“本色宣纸二百张，罗纹纸二百张”，仅一次进贡纸绢多达九百张。乾隆五十四年（1789 年）福建巡抚徐嗣曾一次进贡上用仿藏经纸五百张。另外，毁抄废纸也是交由杭州织造承办制作。

清代中后期，仍沿袭旧制，仿古纸的制作虽逐年减少，但是地方织造每年仍有一定数量的例贡。据档案记载：嘉庆六年（1801 年）“杭州送到加丝绵大宣纸九十张，呈览，奉旨：交懋勤殿”。又如嘉庆九年（1804 年），“杭州送到加丝绵大宣纸三百张，呈览奉旨：交懋勤殿”。至清晚期各地织造仍有纸品进贡。仅同治四年（1865 年）就有多次进贡各色纸绢，如同治四年二月《清档》记载：“奏准懋勤殿，奉旨：传杭州织造上使用素硃红笺纸一百张、洒金硃红笺纸五十张，（具长七尺五寸、宽四尺）钦此。”记述了御用素硃红笺纸和洒金硃红笺纸均有一定的尺度要求。

从上述记载可知，每年地方承办的御用纸品均有一定数量的进贡，数以万计的纸品均来自地方进贡。除年例贡纸外，清代内廷还有各种特殊需要的专用纸，如谕旨、敕书笺纸，均按内廷式样交由杭州织造、苏州织造、江宁织造、两淮盐政等承办制作。

清代内廷御用纸品

清代宫廷御用加工纸绢，仍沿袭旧制，在继承了明代制作技艺基础上有长足的进步和提高。特别是康、雍、乾时期，纸品种类丰富，制作精良。主要表现在制纸工序较明代更为繁细，如在宣纸上加入云母粉使纸张更为光泽，纸的后期加工更是推陈出新，出现了许多品质优良、工艺精湛、不同质地、不同图案、不同规格、用途各异的纸品，可谓五花八门，琳琅满目。

据清吴振棫《养吉斋丛录》记载：“供御凡文房四事，由各处呈进备用颁赐各件，皆存懋勤殿库。”其中御用纸张，如“宫廷贴用金云龙朱红福字绢纸，云龙朱红大小对笺，皆遵内颁式样，尺度制办呈进”，记述了宫廷御用纸制作的情况。

清代内廷纸品种类丰富，常用的有大榜纸、高丽纸、油高丽纸、棉榜纸、连四纸、本纸、呈文纸、油呈文纸、西纸、台连纸等，均各有不同的用途。除油画多用白素绢笺外，内廷用纸大致可分为：御笔书画用纸、写经用纸、书籍用纸、装裱用纸、工程用纸、画样用纸、包装用纸、日常用纸等。如御笔书画用纸有各色粉蜡笺纸、洒金纸、罗文纸、宣纸、仿金粟山藏经纸、侧理纸、仿明仁殿纸、梅花玉版笺、澄心堂纸等。内廷特殊用纸，有“谕旨需用十二龙黄笺纸”、“敕书应用独龙大香笺”、装饰贴落或糊墙用蜡花笺纸等。

清代内廷用纸不仅数量大，纸品种类更为丰富，不同原料、不同装饰、不同规格的纸品，均有制作。这一时期纸品的再加工技术精湛，均体现了清代造纸工艺的发展水平。

仿古精制纸品

清乾隆时期仿古纸有多种，如仿晋侧理纸、仿宋金粟山藏经纸、有斑点藏经纸、无斑点藏经纸、仿澄心堂纸、仿明仁殿纸、仿梅花玉版笺、仿高丽纸等，均有传世纸品。如现藏仿明仁殿纸，纸面幅幅有“乾隆年仿明仁殿纸”戳记。据乾隆四十三年（1778年）十月记载：“将杭州织造徵瑞，送到仿明仁殿笺纸五十张，有斑点藏经纸二百五十张，无斑点藏经纸二百五十张，宣纸一百二十四张，随做样纸一张，呈览，奉旨：仿明仁殿纸交宁寿宫、淳化轩，各十二张，懋勤殿十张。有斑点无斑点藏经纸，交宁寿宫、淳化轩，每样各交一百张，懋勤殿各五十张。其宣纸交热河五十张，宁寿宫、淳化轩，各十二张，其余三十四张，并做样纸一张，俱交懋勤殿。再传与徵瑞，此次做来藏经纸消薄，亦有道子，嗣后，抄做略厚些，不可有道子，每十张一卷，不必用纸衬垫。钦此。”记述了乾隆时期杭州织造徵瑞按内廷式样承办仿古纸的情况。

乾隆皇帝对御用纸张均有特殊要求。如仿澄心堂纸不局限于一种颜色和花纹，由最初的绿色、蓝色、粉红色三种，发展为五种颜色，其中有染黄、绿、白、粉红、淡月白等五色，纸面装饰花纹各异，如画金龙纹、画金折枝碎花纹、金钱菊花、流云福花纹等，均按内廷画样制作，纸幅均有“乾隆年仿澄心堂纸”印记，其印戳有牙刻或石刻之分，也是由内廷刻制。这些精制纸笺的仿制成功，均体现了乾隆时期传统的造纸技术的发展和技艺的高超，在中国造纸史上具有重要的历史地位。

清代宫廷御用砚

清代宫廷御用砚品，大部分是出于内廷造办处砚作，还有一些御用铜匣暖砚的制作，出自造办处铜作或珐琅作。也有一些砚品是交由地方按内廷样式制作，如乾隆年仿古各式澄泥砚，均交苏州承办制作，还有少量的来自地方官员的进贡。内廷砚品的制作一般是由如意馆画师画样，御览呈准后，再由内廷的砚匠照样制作。每年内廷都有大量的砚品制作，分工明细。除砚作外，还有匣作、木作、油漆作，随砚形配盒，一件砚品做好成型以后，一般还要由刻字作刻字或镌刻御题诗文和年款等。

内廷御用砚

清代内廷设有砚作，专门负责内廷御用砚品的制作。砚石材料多来自于地方开采和进贡，如康熙年间，始以松花石为砚，因石材产自吉林松花江流域，为满洲发祥地，即“龙兴之地”，深受清代帝王的青睐，各朝均承袭制作，并形成内廷定式，成为御笔朱批或为赏赐近臣用砚。

内廷砚作所制松花江石砚甚多，据《养吉斋丛录》记载，“松花江石也称松花玉，绀绿色，出混同江边抵石山，清圣祖时始创为砚，四朝以来，各有妙制珍藏，滑不拒墨，涩不滞笔，允为佳品”。又“端凝殿为乾清宫东配殿，其南三楹藏康熙、雍正、乾隆间所用砚、墨，其砚悉以松花江石为之，三朝各四十枚，形式不一”，记述三朝松花江石砚的制作情况。而嘉道以后，按内廷循例备用的砚品仍以 40 方为定数。这一时期，石料的开采时禁时开，内府石料匮乏。道光以后，曾下令各地减少例贡，内廷所制砚品很少。清代晚期，砚石的制作逐渐走向衰落。同光时期，砚石开采渐少，石质也少有佳品。其制作工艺日渐式微，终不及前朝。

内廷御用暖砚的制作，一般出自内廷铜作或珐琅作，各朝均有各式暖砚的制作。如雍正三年（1725 年），珐琅作记载："着做珐琅圆形暖砚二方，用好端石做。"档案记载中的圆形珐琅暖砚均不见实物传世。现仅见有珐琅长方形或风字形暖砚，应

清康熙　松花江石嵌蚌池刻海水云龙长方砚
长 18.5 厘米　宽 12.6 厘米　厚 3.2 厘米　故宫博物院藏

清雍正　赤铜暖砚　故宫博物院藏

为内廷政务用砚。雍正皇帝对暖砚的制作更有特殊的要求，曾亲自寓目参与暖砚的设计。如雍正十年（1732 年）《活计档》记载："朕看从前做过的暖砚，其形具高，因火在砚底，不得不如此做高，何必将火做在砚底，砚旁配一炉，炉下安足，上安铜丝罩，使火气透入砚底，砚即可热，炉也可烧香，此炉或做方形或做何形，可做样呈览，钦此。"制有铜炉式暖砚，即砚一旁设有暖炉，炉上罩有铜丝罩，又可炙热温砚，又可焚香。

这种一器多用的暖砚形式，颇具新颖。又如雍正十三年（1735年）正月铜作记载："传旨：做吉祥砚一方，下安水屉。"由此可见，雍正时期暖砚的制作不仅在形制上加以改进，而且在实用功能上更加完善，表现为水暖和炭暖合二为一的暖砚形式，成为雍正时期的创新形式，并对后朝颇有影响。

乾隆时期承袭和发展了前朝暖砚形制，不仅有用水温砚，还制作有水温和炙炭合二为一的暖砚形式。暖砚造型有葫芦形、

清乾隆　掐丝珐琅海水云龙纹暖砚
长19厘米　宽15.3厘米　厚15.8厘米　故宫博物院藏

圆形、八角形、长方形、双履形等，并多次制作烧古铜匣暖砚。如乾隆二年（1737 年）十一月，珐琅作记载："珐琅暖砚一方，烧古暖砚一方，传旨：着照珐琅暖砚上花样足子，做铜烧古暖砚二方，再照铜烧古暖砚样，做烧砚十方，足子亦照珐琅暖砚上足子样式，钦此。"至今这些暖砚仍有部分传世，并与档案记载相符。如乾隆六年（1741 年）三月广木作记载："交铜烧古鎏金葫芦暖砚书灯冠架福寿陈设一件，传旨：着另换木座，应收拾之处收拾，钦此。于本月二十三日，七品首领萨木哈将铜烧古鎏金葫芦暖砚书灯冠架福寿陈设一件，另换的紫檀木座，持进交高玉呈进讫。"此件暖砚现藏故宫博物院，造型以五个葫芦果实相围而成，中间大葫芦巧做为暖砚，其外左右对称两对葫芦形器，一对呈横卧状，可用作贮物盒。另一对呈直立状，其一为水盛，其二为书灯，书灯铜蜡阡可拆装隐于盒内。暖砚盒盖上饰铜鎏金五蝠捧寿纹，盖面上高擎的铜柱为冠架，冠架顶上饰鎏金团寿纹，有寓福禄寿吉祥。此器造型独特，由大小五个葫芦组成，瓜瓞连绵，是一件集多功用为一体的文房暖砚，极具宫廷特色。此后，嘉道时期，仍有暖砚的制作，如道光时期所制"暖玉方流"铜匣暖砚等，均有传世砚品。

乾隆时期内廷砚作还制作有大量的各式仿古石砚，其材质有端石、歙石、紫石砚等。如仿汉石渠阁瓦砚、仿汉未央砖海天初月砚、仿唐八棱澄泥砚、仿宋玉兔朝元砚、仿宋天成风字砚、仿宋德寿殿犀纹砚六种砚式，分别成套制作，并镌刻御题诗文于砚及砚盒。每件砚品或配以嵌玉木盒，共装一紫檀木盒，极具宫廷特色。此外，还有相同的仿古各式澄泥砚，是由内廷发样交苏州制作。

苏州澄泥砚的制作

仿古澄泥砚，除内廷砚作制作外，还有一些是发往苏州按内廷式样制作，也有一些是照内廷砚作做好的蜡样、木样制作，

清乾隆　瓶池端石砚
长 15.7 厘米　宽 10.2 厘米　厚 2.8 厘米　故宫博物院藏

其中所用澄泥原料也是由内廷发往苏州。如乾隆四十一年(1776年)十一月行文记载:“传旨:虎砚头项不好看,着拨蜡样呈览,准时向乾清宫要澄泥四块,发往苏州合做虎砚二方,钦此……于二十九日照虎砚蜡样做得木样,并做样虎砚,随盒交太监如意呈览,奉旨:着交苏州照样成做。其颜色务必与原样一样,得时不必刻字钦此。”这应是一件澄泥虎伏砚的制作过程。乾隆晚期还曾有多次制作虎伏砚,分别陈设在内廷或香山、瀛台等各处。

澄泥砚自乾隆四十年(1775年)开始大量制作至乾隆晚期一直没有间断,均交苏州制作。如乾隆四十四年(1779年)《活计档》记载:“澄泥砚二方,加用宜兴澄泥三成,烧造砚二方,其澄泥砚交苏州全德,将所传做之澄泥砚,俱照加宜兴澄泥三成之法烧造。”从中可知,澄泥砚的制作不仅有取汾河之泥,而且还有加用宜兴澄泥之法制砚。苏州制作完成的砚品,再交内廷懋勤殿拟字或专门刻字人镌刻诗文或款识。至今故宫博物院现藏砚品中,还有尚未题刻诗铭的各式澄泥砚。又如四十七年(1782年)行文记载:“交澄泥二十七块,传旨:着发往苏州成做澄泥砚,足做几分做几分送来。”至五十年(1785年)十二月,分别以大小两份为数成套制作,共计14份,每份6件,共计84件。由此可知,乾隆朝澄泥砚的制作数量之多,均交由苏州照内廷样式制作。

地方贡砚

除上述所制仿古各式砚外，地方还有少量的成品石砚或澄泥砚的进贡。特别是乾隆时期，地方进贡的澄泥仿古各式砚，均按内廷样式制作并镌刻御制砚铭。如乾隆四十六年（1781 年）《宫中进单》（第〇〇九四单）记载："山西按察使，臣袁守诚跪进，御制铭澄泥砚十八方三匣。"应为六方成套式仿古砚品三份。现今故宫博物院藏品中，也有署名"臣徵瑞恭进"款的仿古澄泥砚，均为六方成套式制作。其中有附黄纸签墨书："发

清中期　多宝文具锦匣

长 23.5 厘米　宽 18 厘米　高 3 厘米　故宫博物院藏

清中期 成套文具锦匣
长 17.7 厘米 宽 12.3 厘米 高 3.3 厘米 故宫博物院藏

下澄泥砚六方，臣等公同阅看，系乾隆年间徵瑞仿古制造承进者，泥质尚细，陶范亦精，惟火气未退，骤难适用，谨奏。”此套徵瑞恭制的砚品，因当时不合用被放置一边，至今仍完好如初。由此可知，澄泥砚的制作，除内廷砚作制作外，还有山西、苏州等地制作进贡。至今仍有上千余件的各式仿古砚传世，再现了乾隆时期宫廷用砚的基本形式。

综上所述，清代宫廷御用文房用具，数以万计，内廷殿宇、各处行宫等均有大量文具陈设。其制作来源广泛，除宫廷造办处所制外，苏州、杭州、徽州、江宁、两淮等处，均有承担宫廷器物的制作任务。特别是按宫廷设计的样式或要求制作，对地方技术的提高都有影响和促进，如徽州贡墨，各派墨家所制墨品精益求精，也促进了徽州制墨业的竞争发展。杭州的湖笔、

清　紫檀边乾隆书字董邦达画山水围屏　故宫博物院藏

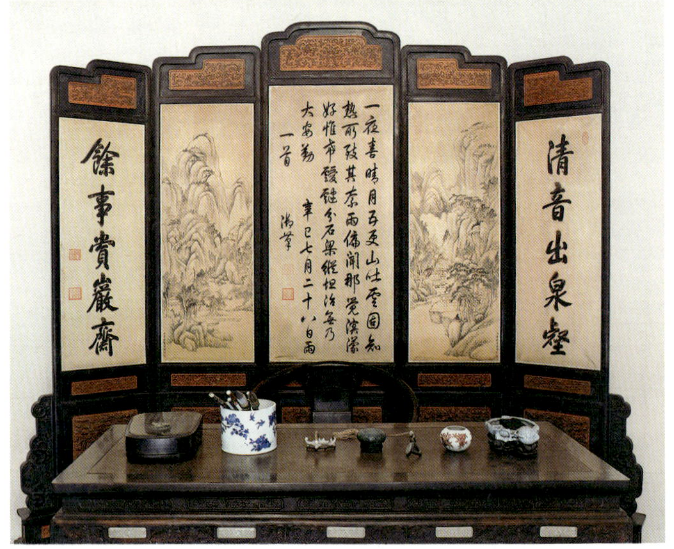

唐　韩滉文苑图卷（局部）
绢本设色　纵 37.4 厘米　横 58.5 厘米　故宫博物院藏

仿古纸以及苏州澄泥砚的制作等，均体现了地方手工业制作技术的发展。

至今故宫博物院藏有文房用具约 8 万余件，大部分是清宫旧藏，特别是乾隆时期，根据皇帝的个人喜好制作有多种文房器具，除笔墨纸砚外，还制作有多种形式各异的辅助用具，如笔架、笔插、砚滴、水丞等，极具时代特点。乾隆皇帝更喜赋诗题咏，御题笔墨纸砚等文具多达数百首，并命内廷臣匠将御题诗文镌刻于墨品、砚品、砚屏、笔筒、笔洗、文具匣等，极具文化内涵和个人品位，呈现出独特的时代风格。（赵丽红）

清　紫漆描金双鹤纹文具匣　故宫博物院藏

“惟精惟一”紫毫笔

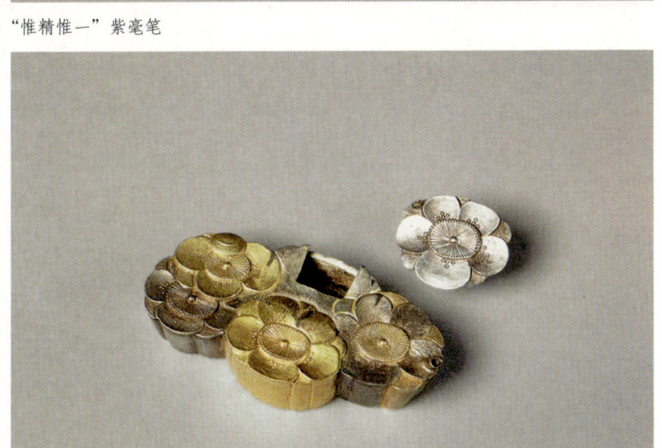

银嵌铜梅花纹砚滴

亹亹柔翰 妙旨以敷

笔之溯源及明清宫廷用笔简述

笔是文明的载体，是与日常生活结合最紧密的文化工具。刘熙《释名》中说:“笔，述也。述事而书之也。”成公绥曰:“治世之功，莫尚于笔。笔者，毕也。谓能毕举万物之形，而序自然之情也。”《墨薮》云：“笔者，意也。意到即笔到焉。”《尔雅·释器》载：“不律谓之笔。”其注云：“蜀人呼笔为不律也。”许慎《说文解字》中也有“楚谓之聿，吴谓之不律，燕谓之拂”，“秦谓之笔，从聿从竹”的记载。崔豹《古今注》言：“古之笔，不论以竹以木，但能染墨成字，即谓之笔。”

传说中笔的发明者是上古的舜帝，明代学者罗颀在《物原》中说：“虞舜造笔，以漆书于方简。”此说固然有附会的成分，但考古学家发现史前文明的遗迹中确实有笔的使用痕迹。19 世纪 70 年代，在陕西省临潼县的姜寨遗址中，出土了不少新石器时代的彩陶器，陶器的彩绘表层的鱼、蛙、人面等花纹，形象逼真，气韵生动。据分析，绘制工具应该是毛笔的雏形。值得一提的是，在其中一座墓葬内还出土了一套绘画工具，包括石砚、研磨棒与黑色矿物颜料等，可惜未见笔的遗存。元代金石学家吾丘衍在《学古编·三十五举》中记载：“上古无笔墨，以竹挺点漆书竹上。”元末学者陶宗仪《辍耕录》亦载：“上古无墨，竹挺点漆而书。”据考证，所谓“竹挺笔”，就是将细竹子尖部锤砸出丝，然后蘸染颜料用以书写。

殷商时期的陶片与甲骨上也发现有墨书和朱书的卜辞。如

1932 年，在河南安阳殷墟遗址中，发掘出一片写有“祀”字的陶片，字体粗细轻重得体，笔锋清晰流畅，具有方圆肥瘦的变化，可以推测其书写工具应为富有弹性的软笔，符合毛笔的基本特征。

春秋战国时期，笔有了较大的发展。这一时期，社会政治、经济、文化均有相当的进步，特别是诸子百家著书立说成风，各国之间公文往来繁多，书写在生活中变得越来越日常，使用便捷的毛笔成为主要书写工具。19 世纪 50 年代，考古工作者先后在湖南长沙左家公山楚墓和河南信阳长关台楚墓中，发现了较为完整的竹杆毛笔。左家公山笔，套在一支小竹管内，杆长 18.5 厘米，径 0.4 厘米，毫长 2.5 厘米。笔杆系竹制，裹以麻丝，髹以漆汁。笔毛是上好的兔箭毫，围在杆的一端，然后用丝线缠住，外面涂漆。

先秦经典文献中也经常提及笔。《曲礼》云：“史载笔，士载言。”《尚书中候》云：“玄龟负图出，周公援笔以时文写之。”《庄子》曰：“宋元君将画图，众史皆至。受揖而立，舐笔和墨，在外者半。”《诗》云：“静女其娈，贻我彤管。”崔豹《古今注》云：“牛亨问：‘彤管何也？’答曰：‘彤，赤漆耳。’史官载事，故以彤管，用赤心记事也。”可见彤管即朱漆笔。

秦代是毛笔的革新期，大将军蒙恬对毛笔做了很大改进，“纳毫于管”，使之定型。后世也因此尊蒙恬为毛笔的鼻祖。南朝梁代周兴嗣《千字文》“恬笔伦纸”，西晋崔豹《古今注》记载:“蒙恬造笔，即秦笔耳。以枯木为管，鹿毛为柱，羊毛为被，所谓苍毫，非兔毫竹管也。”《史记》说：“始皇令蒙恬与太子扶苏筑长城，恬取中山兔毫造笔。”宋代苏易简《文房四宝·笔谱》道:“秦蒙恬为笔，以狐狸毛为心，兔毫为副。”因蒙恬“封诸管城，号曰管城子”，后人因蒙恬善制笔，则别称毛笔为“管城子”。又因蒙恬拜为中书令,人呼“中书君”,故毛笔也别称“中书君”。

湖北云梦睡虎地秦墓出土的三支毛笔便是这种秦笔的实物：笔杆为竹制，上端削尖，下端较粗；笔毛长约 2.5 厘米，包扎在竹竿外周，裹以麻丝，并加髹漆；亦有的在竹竿端部凿成一腔，以藏纳笔头；整支毛笔装入一个和它等长的竹制笔套中，笔套中部镂有 8.5 厘米长形空槽，以便取用毛笔，笔套表层髹以黑漆，并绘有朱色条纹，起到美化装饰的作用。可见毛笔的制作，至秦代已日臻完善。

汉代时，毛笔的制作工艺，特别是装饰工艺，有了进一步的发展，并出现了专门制笔的工匠及制笔作坊，以及负责监管制笔的官吏。据葛洪《西京杂记》载:“天子笔管，以错宝为跗，毛皆以秋兔之毫，官师路扈为之。以杂宝为匣，厕以玉璧翠羽，皆值百金。”唐秉钧在《文房肆考图说》中也说：“汉制笔，雕以黄金，饰以和璧，缀以隋珠，文以翡翠。管非文犀，必以象牙，极为华丽矣。”上世纪二三十年代在居延烽燧遗址，发现一支西汉毛笔，这就是著名的“汉居延笔”。笔杆木质，长 20.9 厘米，劈为四爿，合成圆杆，笔杆顶端用木帽束缚，笔头被夹入末端，外露部分长 1.4 厘米，缠以细枲，表面髹漆。这种结构，可在笔头用废后，拆开笔杆更换笔头。这就是古人所说的“退笔”。1972 年在甘肃武威县 49 号汉墓出土一支竹杆毛笔，杆长 21.9 厘米，直径 0.6 厘米，笔头长 1.6 厘米，外覆黄褐色狼毫，笔尖为紫色，笔杆中部阴刻隶书“白马作”三字。同址 2 号墓也出土一支形制相仿的毛笔，笔杆上阴刻隶书“史虎作”三字。从两支笔杆上的刻字推测，“白马”、“史虎”可能是制笔作坊或工匠的名字。

魏晋时代，笔已然成为颇受士人关注的文房必备，傅元《笔赋》、《笔铭》、《鹰兔赋》，梁简文《咏笔格》，梁徐摛《咏笔》，晋郭璞《笔赞》等流传至今的名文，对笔的形制、功用、用笔情感等进行了热情地抒发。梁元帝曾作《谢宣赐白牙镂管启》，表明此时制笔工艺之奇巧奢华：“春坊漆管，曲降深恩；北宫象牙，猥蒙沾逮。雕镌精巧，镂东山之人物；图写奇丽，笑蜀郡之儒生……方觉琉璃无当，随珠过侈。”这一时期，安徽宣州流行用紫毫笔，以紫毫兔毛为原料，精制而成，笔锋尖挺耐用，深受当时文人雅士的称道。傅元《笔赋》盛赞兔毫曰：“简修毫之奇兔，选珍皮之上翰。濯之以清水，芬之以幽兰。嘉竹挺

明　红漆描金夔凤纹紫毫笔

管长 19.8 厘米　帽长 9.6 厘米　故宫博物院藏

明万历　彩漆双龙纹管笔

管长 16.7 厘米　帽长 9.5 厘米　毫长 4.1 厘米　故宫博物院藏

明万历　彩漆双龙纹管笔（局部）

管长 16.7 厘米　帽长 9.5 厘米　毫长 4.1 厘米

故宫博物院藏

翠，彤管含丹。于是班匠竭巧，良工逞术。缠以素枲，纳以玄漆。丰约得中，不文不质。尔乃染芳松之淳烟兮，写文象于纨素。动应手以从心，涣光流兮星布。柔不丝屈，刚不玉折。锋锷淋漓，芒跱针列。”另外，宫廷贵族中还出现一种珍贵的毛笔——胎发笔。史载，南朝梁代“有姥，工制笔，以为专业，尤擅长制胎发笔”。当时的皇室书家萧子云就常使用该笔书写。

唐宋时期，科举盛兴，文化发达，文房之具，品类繁复，材质多样。君臣士子深入研究、鉴别笔之工艺、形式、材质。宣州渐发展成为全国的制笔中心，所制之宣笔十分精良，成为宫廷贡品，“每岁宣城进笔时，紫毫之价如金贵”。

当时的制笔名匠众多，尤其是以制散卓笔著称的制笔世家诸葛氏最为时人所贵重。自唐至宋，诸葛一门，世传其业，所制之笔外形圆润，锋毫尖锐，铺下不软，提起不散，“硬软适人手，百管不差一”，尖、圆、齐、健四德兼备。因此笔“无心”，不用柱毫，而是用一种或两种兽毫参差散立扎成较长的笔头，故称散卓笔。南唐后主李煜的皇后娥皇生前专用诸葛笔，特命名为“点青螺”。李煜的同母弟宜春王李从谦亦喜用诸葛笔，每枝酬价十金，妙甲于当时，号为“翘轩宝帚”。叶梦得《石林避暑录话》上云：“有得诸葛笔者率以为珍玩，云一枝可敌它笔数枝。”书法家苏轼曾称当时的无心散卓笔，“惟诸葛高能之，他人学者皆得其形似而无其法，反不如常笔，如人学杜甫诗，得其粗俗而已”。

由宋入元，由于受江淮战场的冲击，宣州地区制笔业日渐凋敝，以致渐渐“宣城诸葛寂无闻”，部分笔工移居湖州善琏，湖笔兴起，号称“湖颖之技甲天下”，宣笔声名煊赫的地位逐渐由湖笔代替。元代，太湖流域在水利官员任仁发的主持之下，组织了一系列的水利整治和开发工程，有效促进了太湖地区农业的发展，并为地域文化的兴盛与商品经济的发展创造了良好的条件。在四通八达的运河系统和海运系统的影响下，太湖平原地区形成了几个特殊的交通型大城市。便利的水陆网络，促使湖滨地区贸易发达，重商主义思潮流行。再加上该地区社会文化发达，尚文之风的盛行直接影响了制笔业的繁荣。湖州一带先后出现了一大批制笔名家，据《西吴枝乘》记载，在元初“吴兴毛颖之技甲天下，元时冯应科者擅长，至与子昂、舜举并名，今世犹相沿尚之。其知名者曰翁氏、陆氏、张氏，皆兔毫也”。文中的子昂即书法家赵孟頫，舜举即画家钱选，冯应科和他们二人当时并称“吴兴三绝”。而随着赵孟頫等江南文士声闻于朝野之间，湖笔亦名满天下，号为“笔中之冠”，而湖笔进入宫廷亦是顺理成章之事。

元代湖笔以制作精良而著称，选料上纯正无杂，工艺上精雕华饰，不惜成本，力求完美，因而成为当时宫廷御用笔的不二之选。与赵孟頫交情匪浅的制笔高手张进中就曾以“一笔之

明万历
青花团龙纹羊毫提笔
管长 19.5 厘米
毫长 7.2 厘米
故宫博物院藏

工，数得持笔入禁中”，得到宫中的认可与赏识。

入明以后，湖笔声誉日隆。明万历《吴兴备志》卷二十六载：“今天下业笔者惟吴兴为第一。”晚明屠隆《考槃余事》称：“大抵海内笔工，皆不若湖之得法。”

明代湖笔制笔名家辈出，以陆文宝、陆继翁父子为代表的陆氏家族便是其中的佼佼者。明代状元曾棨曾写诗《赠陆继翁》赞誉其父制笔成就：“吴兴笔工陆文宝，制作不与常人同。自然入手造神妙，所以举世称良工。制成进入蓬莱宫，紫花彤管飞晴虹。九重清燕发宸翰，五色绚灿皆成龙。”可见陆文宝所制之笔深受明帝喜爱，被遴选为皇家御用之品。陆文宝去世后，其子陆继翁继承父亲的制笔绝艺，并注重吸收采纳文人、书画家们的使用意见，进一步完善了制笔技术，在有些品种上甚至青出于蓝，达到新的水平。

明代中期的御笔制作者中属“吴兴笔工”施文用为翘秀。明代文人李诩的《戒庵漫笔》记载：“弘治时，吴兴笔工造笔进御，有细刻小标记云笔匠施阿牛。孝宗见而鄙其名，内侍以小名对。敕易名曰施文用。至今犹然。”笔工得皇帝赐名，亦是极罕见尊隆之举。据明成化年间《湖州府志》卷八《赋税》记载，明初湖州上贡笔料，“岁办笔管共一万三千五百八十七个、山羊毛十斤五两”，可见湖笔在御用文房供品中的比重。

明代宫廷御笔做工极精。在笔毫的选择上，不仅做到用材讲究，在兼毫的搭配方面也取得了很大的进展，工匠们根据笔的不同用途，把各种不同性能的毫料按比例搭配组合，使其符合多种书写需求。例如有软硬适中的“五紫五羊”，即兔毫和羊毫各半拼配而成，也有偏硬的“九紫一羊”、“七紫三羊”，或是偏软的“三紫七羊”、“二紫八羊”等。在笔头的制作工艺方面，采用刀、剪、钳、刷、线等专门工具，将笔头样式捆扎为笋尖式、葫芦式、花苞式、香盘式、兰蕊式等多种形式，并且在此基础上按照不同的材料和毛色进行装饰。比如在笔毫根部用红线捆扎，副毫部位把白色羊毫染成蓝色，加上兼毫笔特有的白紫相间，从而使得整个笔头呈现紫、白、蓝、黑、红五色，

明宣德
红雕漆牡丹纹管兼毫笔
管长 17.7 厘米
帽长 8.9 厘米
毫长 3.5 厘米
故宫博物院藏

层次分明，赏心悦目。在笔管的选材方面，常用的除了木、竹外，还有瓷、玉、玳瑁、象牙、骨角、珐琅等多种材质。工艺方面，使用镶嵌、髹漆、漆雕、竹刻、描金等多种技艺。

现藏故宫博物院的红雕漆牡丹纹管兼毫笔便是明代宣德年间宫廷御笔的珍品。该笔管长 18.9 厘米，管径 1.6 厘米，帽长 9 厘米，笔头为笋尖式紫羊兼毫，笔毫细而修长，坚齐健利。通体采用雕漆工艺，红雕牡丹纹，笔管和笔帽插口处均饰回纹一周，雕工娴熟、流畅，纹饰精致、饱满。

明代嘉靖年间制有一支紫檀木管雕漆貂毫提笔，是目前传世可见的嘉靖年款提笔的孤品。该笔笔管长 25 厘米，管径

明嘉靖　紫檀木管雕漆貂毫提笔
管长 25 厘米　斗长 2.5 厘米　毫长 6.2 厘米
故宫博物院藏

1.6 厘米。笔管以红雕漆、紫檀木、酱雕漆三拼而成，上端红色雕漆以龙纹图饰，下端用酱色雕漆锦纹，口沿部位雕刻有“大明嘉靖年制”六字阳文楷书。嵌紫檀木笔斗，斗长 2.5 厘米，斗径 2.9 厘米。笔毫为貂毫，即以紫貂之毛制作而成的笔毫，硬度与狼毫相同。毫毛色泽光润，体如含苞的花骨朵儿，故称花苞式。该笔形制为提笔，主要用于悬肘书写大字，是明代开始流行的一种新的制笔形式。因其笔头形状似斗，又称斗笔。

另有一件万历年制作的玳瑁管紫毫笔亦是明代宫廷御用毛笔的代表之作。此笔笔管长 18.9 厘米，管径 1.4 厘米，笔帽长 8.5

明万历
玳瑁管紫毫笔
管长 18.9 厘米
帽长 8.5 厘米
毫长 3.3 厘米
故宫博物院藏

厘米，帽径 1.7 厘米，管内为轻薄竹胎所制，外镶玳瑁，玳瑁纹理由褐、黑、黄三色相间，自然亮丽，表面有玻璃光泽。笔管与笔帽顶端均镶嵌鎏金铜扣。制作工细，圆周不见接痕。笔毫为葫芦式紫毫，毫长 3.3 厘米，选毫精细，长锋出尖，束撷有力，富有弹性，尤其适宜书写工整小楷。

清代宫廷御用毛笔，一是由地方官员按例进贡，一是由内务府造办处奉旨“画样呈览准做”或三织造按内廷样式承办制作。

据造办处档案记载，乾隆三十二年（1767 年）二月，内务府收到太监胡世杰交来的一支百寿笔，传谕“杭州织造西宁，

清　竹管紫毫笔
管长 19.7 厘米　毫长 4.1 厘米　故宫博物院藏

照样做一百支”。另据乾隆时期《宫中进单》记载，乾隆十六年（1751年）十二月十日，两浙盐政兼织造苏楞额恭进文房用具数百件，其中笔品有“提笔三十支”，“万年青”、“经天纬地”、“云汉为章”、“表正万方”、“小紫颍”、“云中鹤”、“檀香”等笔各50支。乾隆二十六年（1761年），云南巡抚刘藻进湖笔420支。乾隆五十七年（1792年）闽浙总督进湖笔530支，漕运总督进湖笔两箱，河东河道总督进提笔20支、湖笔100支，

清　小紫颖铭竹管紫毫笔
管长17.1厘米　帽长9厘米　毫长4.2厘米　故宫博物院藏

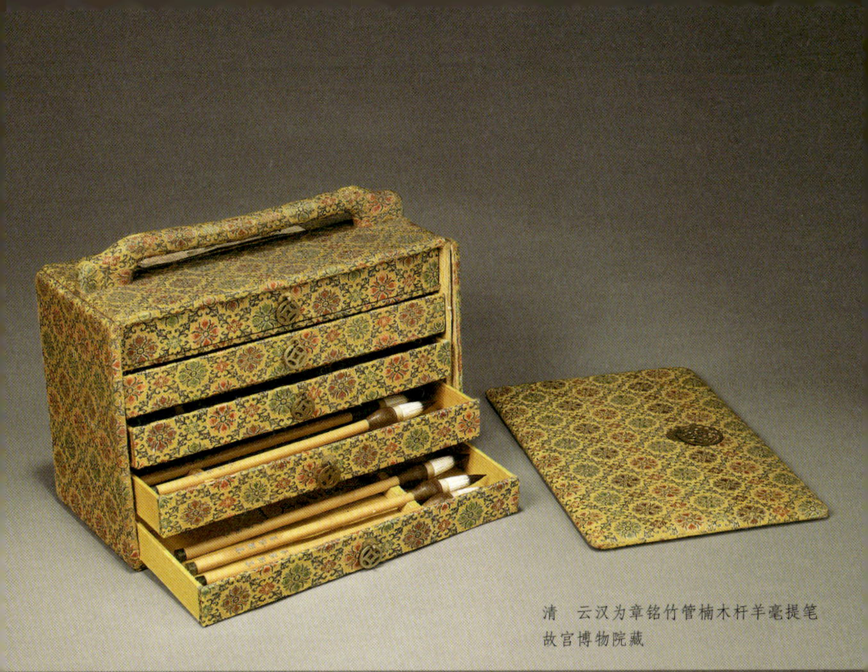

清　云汉为章铭竹管楠木杆羊毫提笔
故宫博物院藏

清　云汉为章铭檀香木管狼毫笔
管长 18.3 厘米　帽长 9.3 厘米　毫长 3.6 厘米
故宫博物院藏

江西巡抚进湖笔 100 支，浙江巡抚进湖笔 1590 支，湖北巡抚进毫笔 150 支。乾隆五十八年（1793 年）八月初五日，浙江巡抚觉罗琅轩恭进湖笔 503 支。这些贡笔均贮备于内廷书斋懋勤殿内的文房用具四事库。到了乾隆晚期，累计未用之笔数目巨大，“懋勤殿所存色笔有两万余支”，故乾隆帝下令核减进贡数额，“令浙抚于三次应进一千五百九支内，减为七百五十支，以备御用而已”。据吴振棫《养吉斋丛录》记载以及嘉庆年《文房四事联句》记载，这些毛笔中，“御书常用者，有斑竹管大提笔、髹漆、文檀各种提笔，其寻常供用朱书墨书之用者，则万年青管、经天纬地、万年枝、云中鹤、惟精惟一、云汉为章……”

清　竹管万年枝翠毫笔
管长 17.4 厘米　帽长 9 厘米　毫长 4 厘米　故宫博物院藏

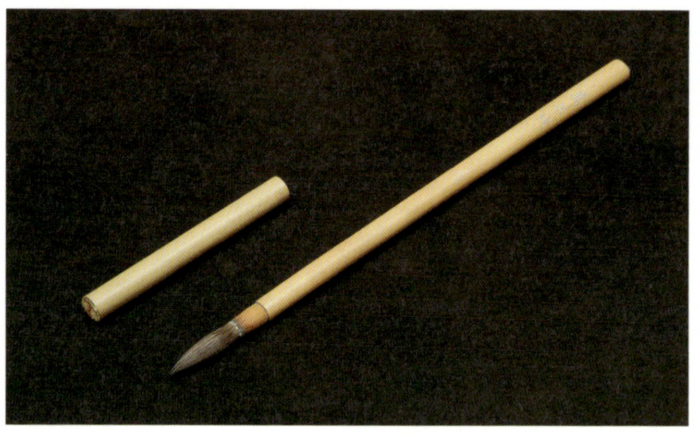

内廷日常用笔往往按四季时令的变化选用不同材质的毛笔，或者会因书写内容的不同选用不同的毛笔。如每年御笔书“福”一般就选用“万年枝”、“万年青”或“赐福苍生”笔等。清代从雍正皇帝开始,于每年新春第一天,都要举行“元旦开笔”写吉字仪式。该活动规模不大，但十分隆重，寓意深刻。皇帝大年初一起床洗漱后，须赶在子刻时分，到养心殿东暖阁研墨开笔。东暖阁窗纸通明,故曰“明窗”,取明目达聪之义。开笔时，在紫檀长案上，先置金瓯永固杯盛入屠苏酒，后取古铜八趾吉祥炉和古铜香盘，将“赐福苍生”等笔放在炉上微熏后，正式提笔写吉语。御笔亲书吉语时，往往以“春韶介祉，开笔大吉”开头，再写吉语，将对新一年的希望、期盼吉字写在两种纸上，一般先用红笔在黄纸上写数句，再用墨笔在红纸上写数句；或在黄纸上，先用红笔书中行，再用墨笔书左右行。写完后，皇帝亲自把所用物件收拾好，交人收贮，备来年开笔时再用。写好的吉字则放入专门的黄匣内封存，不许人拆看，等到第二年开笔，写的吉字仍放入该匣。

在清代，贡笔或御笔不独为帝后书写的工具，也经常用于行赏大臣。《十朝诗乘》:“庚深十月，赐内阁翰林院官笔五千支，为内阁中签票、院中讲章、记注之用。内阁分其半，余给讲官人各五十支，写正本者人各五十支，写副本者人各三十支。更以五百支备写档案，存起居注，五百支写讲章，存外衙门。笔为丁酉年制，世祖御书房所藏也。”英和《恩福堂笔记》:“每岁立春日，科甲出身之军机大臣偕南书房翰林，在懋勤殿跪进春贴子词，大学士及上书房师傅不进诗词，一体得笔墨赏。嘉庆年间，兼及内廷亲王。”

清乾隆　象牙管镂雕钱纹管紫毫笔
管长 18.3 厘米　帽长 8.7 厘米　毫长 3.9 厘米　故宫博物院藏

清乾隆 鸡翅木管万邦作孚款兼毫笔
管长 19.6 厘米 帽长 9.6 厘米 毫长 4.5 厘米 故宫博物院藏

清宫御用毛笔品种之丰富、工艺之精湛、装饰之精美，均属历代一流。如乾隆年间的象牙管镂雕钱纹管紫毫笔，管身长 18.3 厘米，管径 0.9 厘米，镂雕古钱纹样，纹饰繁复、精美，色泽光润。笔管顶端装饰两道阴文填蓝线,秀丽雅致。笔帽长 8.7 厘米，浮雕五只飞翔的蝙蝠，间饰云朵纹，栩栩生动，笔帽两端雕饰阴文填蓝回纹，与笔管相呼应。笔毫为兰蕊式紫毫，均匀细长，锋锐挺健，实属一件管美毫精的佳品。

另有鸡翅木管万邦作孚兼毫笔也是乾隆朝御用文房中的精品之作。该笔笔管长 19.6 厘米，管径 1.1 厘米，笔帽长 9.6 厘米。笔管用鸡翅木制作而成，通体光素，不饰雕琢，其木

清 紫檀透雕云蝠纹嵌玉笔屏
宽 20.5 厘米 高 32.8 厘米 故宫博物院藏

质纹理自然呈现，美观素净。笔身上方阴刻填蓝四字楷书“万邦作孚”。语出《诗·大雅·文王》:“仪刑文王，万邦作孚。”笔管顶部镶嵌有洁白象牙。笔毫为兼毫，染以蓝、红、黑、白四色，四色依序渐变，过渡自然，搭配和谐。斑斓夺目的笔毫，配以沉稳大气的笔身，并加以素雅的象牙点缀，整支笔的效果堪称绝品。

在笔型上，清宫除管笔外，也常用带斗的提笔和揸笔。揸笔，又称抓笔，笔杆粗短，书写时以五指抓住，故称抓笔。故宫博物院现藏一套彩漆描金鬃毫抓笔，清乾隆年间制。全套笔共五支，装于一黄色锦匣内。五支笔除大小略有差异外，形制相同，均管长11厘米有余，管径5厘米有余，斗径7厘米左右。笔

清乾隆　彩漆描金鬃毫抓笔
故宫博物院藏

清　掐丝珐琅笔架
长 12.8 厘米　宽 8 厘米　高 16.9 厘米　故宫博物院藏

管均为通体描金彩漆管，造型短粗、束腰，笔斗丰圆。笔端以白绳束结加固，纳入笔腔。笔毫为鬃毫，长颖挺健丰满。五支笔装饰花纹各异：一为红漆描金仙山楼阁松鹤纹；一为绿漆描金水仙灵芝蝙蝠纹；一为黑漆描金云龙纹；一为紫漆描金云蝠纹；一为黄漆描金龙凤云纹。整套笔制作考究，沉稳大气，为清代宫廷特制珍品，适应书写匾额、榜书等巨擘大字。

清　黑漆描金莲蝠纹宝座式笔架
长 25.5 厘米　宽 10.5 厘米　高 21.5 厘米　故宫博物院藏

清人绘　旻宁行乐图轴　故宫博物院藏

《论衡》曰："智能之人，须三寸之管，一尺之笔，然后能自通也。"《杨子法言》云："孰有书不由笔，言不由古？吾见天常为帝王之笔舌也。"两千年来，笔在人们生活中扮演着最平常却也是最重要的角色，若不是有笔的存在，人类的文明艺术便不能传世，"是故知笔有大功于世也"。（陈秋速）

澂心正性

古代毛笔“缠纸法”浅议

毛笔从文字衍生伊始，作为实用工具的历史直到民国为止，历经几千年时间，变化颇多。作为从业人员，毫厘之变未敢不察，本文主要探讨晋唐时期笔工在毛笔制作技艺方面的一些特点。

毛笔的演变进程可从书写载体的变化作简单解读，由陶骨、竹木、绢帛、楮麻纸、生熟宣一路渐近，书写面积由小逐大，毛笔规格、性能、原料、制法等亦随书体和审美意趣不断变化。据此，毛笔制作技艺的发展可大致分为先秦、汉唐、宋元、明清四个阶段。先秦时期的毛笔制作方法多为把兽毛捆绑或夹持于笔杆，其工艺原理简单粗放，是为毛笔雏形。到了汉代，随着纸张的发明和推广，人们的书写风格变得更加多元，毛笔在日常生活中的使用也更加普遍，其制作技艺逐渐走向精细，笔头开始深纳于笔管，笔性也逐渐丰富起来。汉笔普遍的特点是笔头直径小而纳入笔杆较多，从中获得拢锋、腰力的增强。但这种笔有一个很大的缺点，即：出锋短、蓄墨不多。

大约到了东晋时期，毛笔制作技艺进入一个较大的改革期。东晋偏安江南，政治军事方面颇受史家诟病，但在文学艺术上却取得了极大的成就。书法绘画也在此期盛极一时，名家辈出，从而笔的需求在质和量上都有了一个很大的提高，这极大地促进了制笔业的发展。并且，一些书画家在使用笔的过程中，也在不断总结和发现笔的优缺点，研究笔的制作工艺，从而反过来指导笔工的生产。“缠纸法”（也称“裹纸法”）便是在这一时期应需而生，其与汉制之笔最大的不同在于笔体内部结构开始出现变更。宋人苏易简的《文房四谱》中收录了王羲之的《笔经》一文，文中对当时流行的裹纸法制笔工序有着较为清晰详尽的描述：

凡作笔须用秋兔。秋兔者，仲秋取毫也。所以然者，孟秋去夏近，其毫焦而嫩；季秋去冬近，则其毫脆而秃；惟八月寒暑调和，毫乃中用。其夹脊上有两行毛，此毫尤佳;其胁际扶疎，乃其次耳。采毫竟，以纸裹石灰汁，微火上煮，令薄沸，所以去其腻也。先用人发杪数十茎，杂青羊毛并兔毳（凡兔毛长而劲者曰毫，短而弱者曰毳），裁令齐平，以麻纸裹柱根令治（用以麻纸者，欲其体实，得水不胀）。次取上毫薄薄布柱上，令柱不见，然后安之。惟须精择，去其倒毛，毛杪合锋，令长九分，管修二握，须圆正方可。

《笔经》究竟是否为东晋书法家王羲之所著，历来在学界众说纷纭,争议不浅。故宫博物院老院长马衡先生考证后指出:“《笔经》是否为晋时作品，虽不敢必，而非唐以后所作，则可断言也。”笔者认为这段文字虽为托伪王羲之之作，但确是描述晋笔无疑。从文中我们可知，在东晋时期，毛笔制作已经开始采用麻纸裹笔根。从制笔工艺的角度来看，缠纸法所作毛笔相较于汉制毛笔来说有三点比较重要的进步：第一，深纳于笔管的部分毛料得到利用，使相等长度的毛料能够做出出锋更长的笔；第二，笔毫的弹性得到较大程度的增加，书写更为便利，并且

元 陆仲渊 十王图之宋帝王 绢本设色 纵 85.9 厘米 横 50.8 厘米
东京国立博物院馆藏

促使唐代后期加健技术的萌生；第三，毛笔衔接方式的多元化。

早期缠纸法所做毛笔未见实物资料，唯有江苏江宁下坊村东晋墓出土过的一支仅存笔头的毛笔可作参考。该笔笔头“粗长”，“两端均见笔锋，中以宽 2.5 厘米的丝帛束紧，长 10.2 厘米，中宽 1.4 厘米”。因笔头“中间还束有一段较宽的丝帛，丝帛两端均露出近 4 厘米的毛料”，故王学雷将其称为“束帛笔头”，并撰有《东晋束帛笔头考》（载于台湾《故宫文物月刊》第十九卷第五期）一文进行了深入的论述。王学雷认为“束帛笔”的原理是“利用丝帛块较强的吸附功能吸收笔端多余的水分”，这样做的优点在于“既控制了墨水的下泄，又防止了毛笔的臃胀而失去弹性，既便于取换，更利于书写”。

虽然说东晋墓出土的这枚笔的笔头中所缠的是丝帛，但其作用便相当于《笔经》中所说的麻纸，其原理和作用也与麻纸相同，可视为缠纸法制笔工艺的一个实例。

直至唐代，缠纸法仍是最普遍和重要的制笔方法，并且其工艺技术还通过遣唐使传到日本，对日本的制笔业产生了深远影响。日本高僧、真言宗创始人空海大师在唐德宗时期作为学问僧随遣唐使入唐交流。在长安期间，空海不仅遍访各寺高僧大德，学习佛教教义，还学习了唐代的制笔技术。两年后，空海回到日本，除了带回了大量佛典经疏和法物之外，还带回了一批唐朝的毛笔及制作技术。据空海献给日本皇帝的《狸毛笔表》称：

狸毛笔四管……昨日进止，且教笔生坂井名清川造得奉进。空海于海西所听见如此，其中大小、长短、强柔、齐尖者，随字势粗细，总取舍而已。简毛之法，缠纸之要，深墨藏用，并家传授。讫空海自家试看新作者，不减唐家。

可见，唐人制笔最关键的秘诀为“简毛之法，缠纸之要”。缠纸法在唐代仍是制笔的常用工艺。

有唐一代抄经风盛，巨大的工作量促使笔形极为夸张的“鸡距笔”问世。鸡距笔为短锋毛笔，因其笔头的形状像雄鸡鸡爪后部突出的距而得名。鸡距名笔乃是形容笔锋的粗短犀利。白居易的《鸡距笔赋》极尽辞藻地盛赞了鸡距笔的种种好处：

足之健兮有鸡足，毛之劲兮有兔毛。就足之中，奋发者利距；在毛之内，秀出者长毫。合为乎笔，正得其要。象彼足距，曲尽其妙……故不得兔毫，无以成起草之用；不名鸡距，无以表入木之功……斯距也，如剑如戟，可系可缚。将壮我之毫芒，必假尔之锋锷。遂使见之者书狂发，秉之者笔力作。挫万物而人文成，草入行而鸟迹落……愿争雄于爪趾之下，冀得隽于笔砚之间。

由于毛笔乃日用消耗品，且不易保存，故现存晋唐毛笔实物很少。所幸日本正仓院藏有 17 支传为唐代制造的毛笔，呼为“雀头笔”，样式均为“鸡距式”，制作工艺均为缠纸法。

第一号：笔杆部分长约 20.4 厘米，直径约 2.2 厘米。笔头出锋约 2 厘米，直径约 1.7 厘米。笔帽长约 9.8 厘米。全笔两端镶象牙，设计为法轮与塔尖造型，竹杆选用湖南斑竹，笔帽劈竹片攒圆。笔头“披毛”残脱，笔胎为纸裹，露毫约 0.7 厘米，已失锋颖，笔根粗壮。

第二号：笔杆部分长约 18.5 厘米，直径约 2.3 厘米。笔头出锋约 3 厘米，直径约 1.7 厘米。笔帽长约 9.5 厘米。笔杆尾端镶象牙，前端镶有 5 厘米左右黑牛角，有虫噬。竹杆选用红湘妃，笔帽劈竹片攒圆成形，整体造型与第一号一致。笔头外披白色

唐　雀头笔　日本正仓院藏

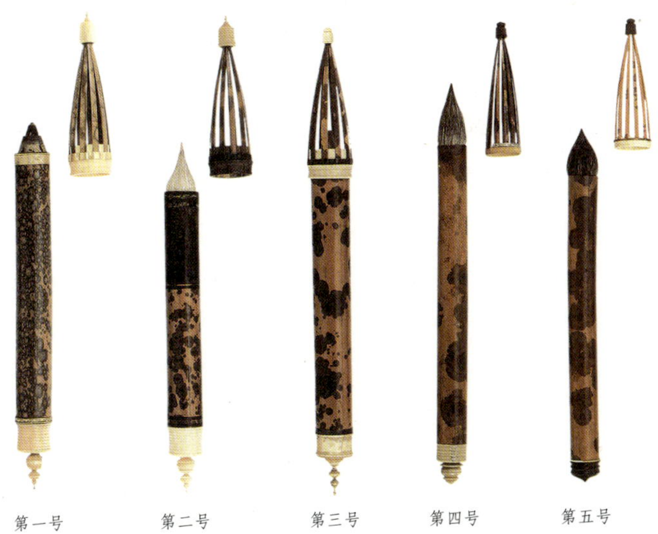

第一号　第二号　第三号　第四号　第五号

鸡毛，笔柱裹纸，笔毫疑为狼毫。

第三号：笔杆长约 21 厘米，直径约 2.3 厘米。笔头出锋与直径不详。笔套长约 9 厘米。笔杆两端镶象牙，竹杆选用红湘妃，整体造型与第一号一致。整支笔做工精致华美。

第四号：笔杆长约 22.3 厘米，直径约 2 厘米。笔头出锋约 4 厘米，直径约 1.9 厘米。笔套长约 8.5 厘米。笔杆尾端镶嵌象牙，前端直接安装笔头。竹杆选用红湘妃，笔帽与第一号相似。笔头外披疑为狼毫，笔头为典型“鸡距形”。

第五号：笔杆部分长约 19.8 厘米，直径约 1.9 厘米。笔头出锋约 3 厘米，直径约 1.9 厘米。笔套长约 8.5 厘米。笔杆尾端镶嵌有黑色物体，材质不明，前端直接安装笔头。竹杆选用红湘妃，笔帽与第一号相似。笔头蘸墨保存，外披疑为狼毫。

第六号：笔杆长约 17.7 厘米，直径约 2.3 厘米。笔头出锋约 3 厘米略多，直径约 2 厘米。笔套长约 9 厘米。笔杆采用红湘妃，两端镶象牙。款式与第三号相同，笔头披毛脱落。

第七号：笔杆部分长约 20.3 厘米，直径约 1.9 厘米。笔头出锋约 2.8 厘米，直径约 1.6 厘米。笔套长约 7.5 厘米。笔杆尾端镶象牙，前端直接安装笔头。竹杆选用湖南斑竹，笔帽用圆竹劈片以线缚成。笔头蘸墨，疑本无外披。

第八号：笔杆部分长约 19 厘米，直径约 2.2 厘米。笔头出锋约 3.5 厘米，直径约 1.6 厘米。笔套长约 11 厘米。笔杆为红湘妃，

唐　雀头笔　日本正仓院藏

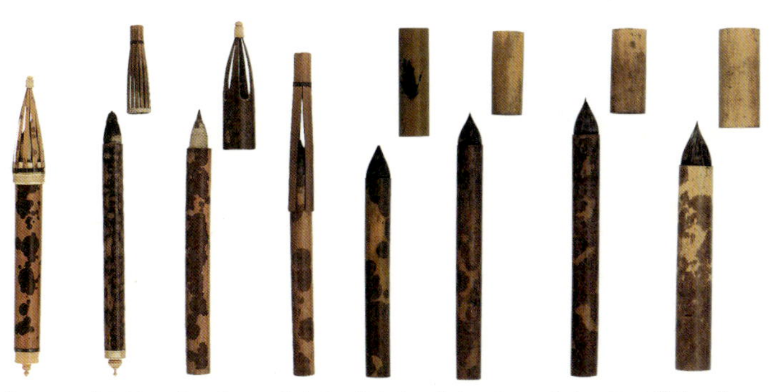

采用素杆直接装笔头。笔帽由圆竹刀挖束顶而成。笔头沾有墨色，纸胎狼柱，疑本无披毛。整体造型相当素雅。

第九号：笔杆部分长约 17.4 厘米，直径约 2 厘米。笔头出锋约 3 厘米，直径约 1.9 厘米。笔套长约 13 厘米。笔杆为红湘妃,采用素杆直接装笔头。笔帽由圆竹四劈而成。笔头整体有墨，纸胎狼柱，有披不详。此笔有先秦风范。

第十号：笔杆部分长约 17.2 厘米，直径约 2 厘米。笔头出锋约2.4 厘米,直径约 1.9 厘米。笔套长约8.5 厘米,样式为直筒型。笔杆为红湘妃，采用直杆装笔头，整体无任何装饰。笔头醮墨，有披毛不详。

第十一、十二、十三号：除规格大小与第十号略有差异外，整体材质、风格基本相同。

第十四号:笔杆部分长约 21.8 厘米,直径约 1.9 厘米。笔杆、笔帽均为红湘妃竹。披毛缺失。整支笔造型朴素大方。第十五号大略与其同。

第十六号：笔杆部分长约 14.4 厘米，直径约 1.4 厘米。形制较其他笔略小，亦无披毛，疑似脱落，笔尖未见有兽毛。

第十七号：笔杆长约 17.4 厘米，直径约 1.4 厘米。笔头出锋约 1.5 厘米,直径约 0.7 厘米。笔套长约 6 厘米,样式为直筒型。笔杆为素色，尾部镶有渐小硬质红木，直杆装笔头。笔头蘸墨，疑无缠纸，兔毫。

综上所见，正仓院所藏这 17 支毛笔，从笔杆竹料看，均产自唐代所辖江南地区，虽不可排除有仿制，基本也可判为唐物无疑。从规格来看，除第十六号、第十七号与现代毛笔类同外，其他 15 支均为 2 厘米左右粗的短锋毛笔，亦可明显看出大多毛笔为缠纸法所制鸡距笔，其特点均为：制作时先以麻纸裹笔柱，再加披毛，然后深深地纳入管中，管外的笔头很短。

鸡距笔由于缠纸偏高，毛笔弹性很大，类似硬笔，控笔相对简易，颇受时人喜爱。而且其体量巨大，蓄墨相对较多，便于连续书写，符合唐人书写量大的需求。就技术而言，缠纸法

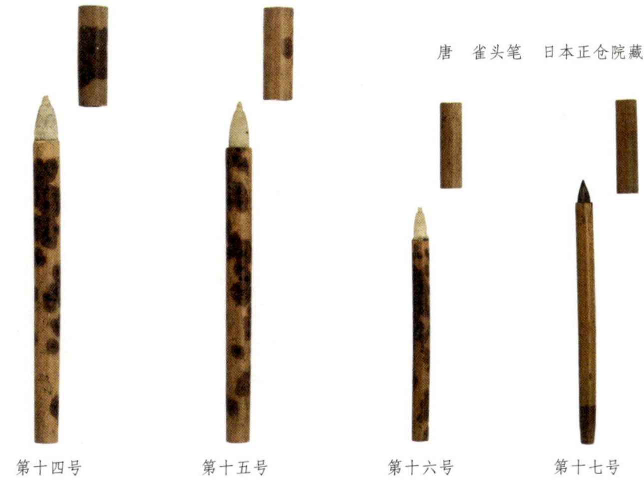

唐　雀头笔　日本正仓院藏

是一个时期的巨大进步，到唐已经极致，充分体现古人在有限条件下的创造性。

然而，并不能由此判定鸡距笔是唐代的主流。因其比例过于失调，弹性过大，除抄经便利外，实际上并不利于书画的创作布局，尤其书写行草书或者作画时不能肆意挥洒。唐代中后期，书家们开始质疑鸡距笔，柳公权就批评其“出锋太短，伤于劲硬”。笔工为适应书写者的需求，再一次开始了笔制的改革，散卓笔应时而生，开始流行。宋朝叶梦得《避暑录话》中说：“熙宁后，始用无心散卓笔，其风一变。”至宋代，由于加健的工艺成熟，长锋大笔逐渐盛行，并由此拉开了纯羊毫登场的序幕。（李小平）

土厚由来產物良種棉較水異南方轆轤
汲井分畦溉嗟我農民總是忙

墨之源流

迄今为止，中国墨发端于何时何地尚无定论。古代文献有很多与墨相关的记载，如《尚书》卷四记载："臣下不匡，其刑墨，具训于蒙士。"刑墨即鲸面——在人的面额上刺刻后染墨，使痕迹终身不褪。陈祥道《礼书》卷七十三："卜人定龟，史定墨。""史定墨"是古代巫人的一种占卜方法——先用墨画在龟甲上，然后灼烧，根据裂纹定凶吉。《庄子》中也有墨的记载："宋元君将画图，众史皆至，受揖而立，舐笔和墨，在外者半。"对商代甲骨文颜料的微量化学分析结果表明，其黑色是碳素单质即现在墨的原料，对河南安阳殷墟的考古遗物进行测试也发现，当时的人们用一种与现代墨相近的黑色碳离子混合物为书写颜料，考古发掘的春秋战国时期竹简上的文字也是用笔蘸墨书写的。文献记载与出土发现证明，至迟三千年前，墨就产生了。

先秦时期是中国墨的形成时期，其时的文献虽然有关于墨的记载，但多为使用的情况，没涉及当时墨的材质、形态。按"墨"字的组成从土从黑，而"黑"的本字是"熏"，从炎，上出"㓁"，"㓁"与囱同，象征灶突。因而从"墨"字的构成说，它是一种经过燃烧形成的黑色土。东汉刘熙《释名》："墨，晦也，似物晦黑也。"许慎《说文解字》："墨，从土、黑也。"这都说明墨是"烟煤所成土之类"（朱长文《墨池编》卷一）。这些记载都是对早期墨的诠释。从文献和间接的与墨有关系的实物推测，早期的墨可能是松树和其他多油的树木作烟料制作的粉状物，使用时加水调和，由于没有考古实物证实，先秦人造墨究竟是以什么形态存在还有待进一步考证。

秦汉至南北朝时期是中国墨的发展时期。考古发掘发现，秦汉时以松烟为原料的人造墨技术初具雏形。1975 年 12 月，考古工作者在湖北云梦县睡虎地 4 号战国秦墓出土了一锭秦墨，此墨类似丸形，直径 2.1 厘米，长 1.2 厘米，色纯黑，但颗粒粗糙，具一定的原始性。同时出土的，还有竹木简牍和一方石砚，砚上放一块研石，砚面残留有墨痕。睡虎地秦墨的发现，证明

清乾隆　兰亭修褉白御墨
故宫博物院藏

清乾隆　兰亭修褉绿御墨
故宫博物院藏

了至迟到秦代已经出现了制成固定形状的墨丸。同一年，湖北江陵楚故都纪南城内凤凰山 168 号汉墓也出土了西汉墨，墨风化严重，碎成几块，但色泽纯黑，质地较前面提到的秦墨细腻。据同墓出土竹简记载，此墓主人葬于西汉文帝十三年（前 167 年），可见此墨制作时间至迟不会晚于此年。广州西汉南越王墓中也出土了数以千计的墨粒，同时也有石砚和砚杵出土。此外，考古发掘出土的汉代长方形漆砚盒和带有浮雕装饰的砚台上，也都留有砚杵放置的空间。这说明秦及西汉时期的人工墨形态较小，使用时，将墨放在砚石上加水后，再用砚杵压住捻和。东汉时，不但体积稍大的墨出现，还出现了模制墨，如河南陕县刘家渠东汉墓出土的松烟墨，是用墨模压制成锭的，墨质坚实，外皮有皱纹。1974 年宁夏回族自治区周原县西郊出土的东汉松塔形墨，高 6.2 厘米，直径 3 厘米，形如松塔，墨烟细胶清，已经达到很高水平。墨模的出现，在中国制墨史上具有划时代的意义。自此以后，墨的制作有了定式，虽然不同时期制墨工艺有所不同，但以模制墨的基本技术一直沿袭下来。结合“尚书郎起草，月赐隃麋大墨一枚、隃麋小墨一”（顾起元《说略》卷二十二），“皇太子初拜，给香墨四丸”（徐坚《初学记》卷二十一）等史料的记载可以推测，墨在东汉已经有了相当高的水平，有形制、大小、品种和产地的区别，以“枚”、“丸”相记，而且“香墨”应该是已经加入香料或其他配料制成的墨。另外，也出现专供朝廷等政府机构使用的墨。

汉代烟料基本取自陕西，扶风（今凤翔）、隃麋（今千阳）、终南山之松所烧烟尤佳，制成的墨中以隃麋松烟墨最优，名重一时。相关文献资料表明，汉代制墨集中在陕西地区，虽然分布零散，已经初具规模，出现了名留后世的制墨家田真。由于缺乏汉墨制作的记载，汉墨的具体原料配方已经不得而知。但此后相关的制墨方法及名墨家所制墨的特点散见于诸多史料文献中。

三国两晋南北朝时期，墨的制造走向成熟，墨产地进一步扩大。南方九江、庐山之松烧烟所制墨成为新宠，《墨薮》“取墨必庐山之松烟，岱郡之鹿角胶”，书法家卫夫人《笔阵图》“墨取庐山松烟”之论，都说明了庐山松烟墨的得势。当时已经有石墨、松烟墨等不同原料制造的墨。此间制墨家在汉代烧松取烟制墨的基础上不断摸索创新，改进制造工艺和配料，尝试将各种珍贵原料掺合于墨中。如晁贯之《墨经》记载，三国时期魏国韦诞（仲将）制墨是用珍珠一两、麝香半两捣细后，合烟料下铁臼中捣三万杵。北魏贾思勰制墨含有珍珠、麝香、梣木、鸡白。《冀公墨法》记载冀公制墨时，用“松烟二两，丁香、麝香、干漆各少许，以胶水搜作挺（墨锭），烟火上熏之一夜”，再“入紫草末”或“秦皮末”。名家名墨开始有品牌效应，韦诞墨的“一点如漆”，刘宋张永墨的“色如点漆”都为当代及后世津津乐道。

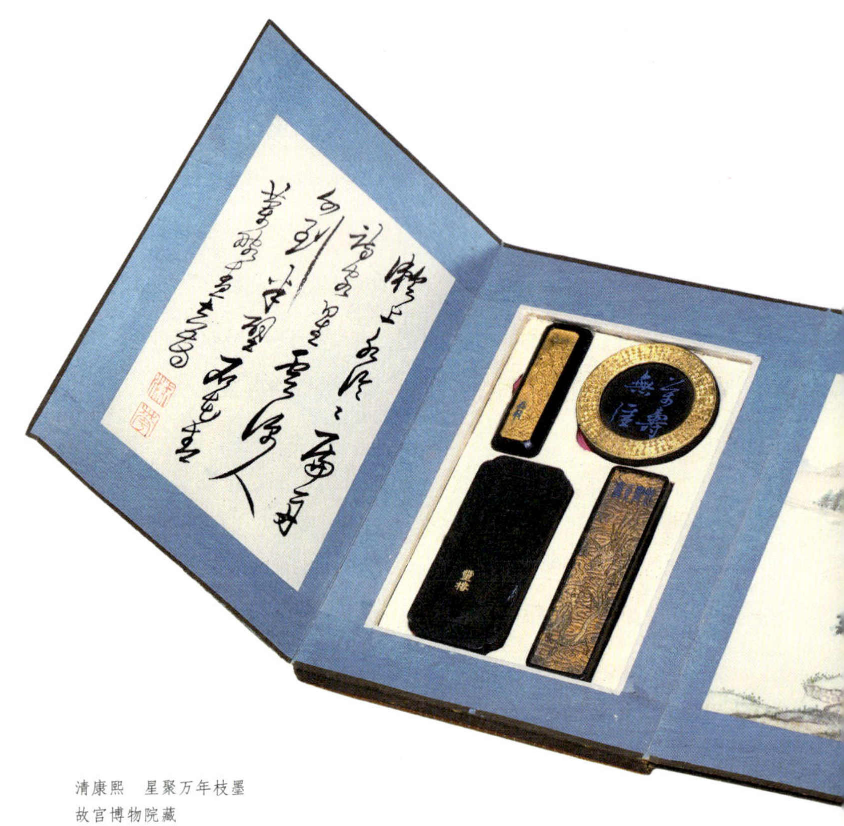

清康熙　星聚万年枝墨
故宫博物院藏

见诸文献记载的制墨家及其制墨逸事多起来，说明制墨成为人们关注的对象。在制墨艺人们的努力下，墨的质量进一步提高，三国孙吴前期高荣墓出土的圆柱形墨，径 3.5 厘米，长 9.5 厘米。东晋吴应墓出土的不规则形墨，宽 4 到 6 厘米，长 12.3 厘米。江苏镇江丹徒县出土的六朝时椭圆柱形松烟墨，残长 3 厘米，宽 4.2 厘米，厚 1.9 厘米，纯黑如漆等都证明，此时普遍采用以模制墨工艺，墨的体积较秦汉明显增大，墨表留有明显的模印痕，如高荣墓的墨上有叶脉纹、梁孜墓的墨有几何纹。值得注意的是此间少有砚与研石相伴出土，砚盒或砚台没有、也不预留放研石的空间，而多增加了墨池的设计。从砚型的变化可推测，这一时期的墨已可直接在砚上沾水研磨成墨汁使用了。

除了陕西隃麋、江西庐山等以制墨闻名外，河北易州（今河北易县）生产的墨在这一时期开始崭露头角，并逐渐成为北方墨的代表，北朝易州制墨世家奚氏家族的出现，不但为当时北方墨业注入新鲜活力，也为后来的徽墨奠定了基础。

隋唐之时，经济文化的发展、书法艺术的昌盛、朝廷的重视等多种因素作用，极大地促进了制墨业的发展，制墨业呈现一派繁荣之势。见诸记载的著名墨工多了起来，如祖敏、奚鼐、奚鼎、奚超、陈朗、王君得、黄秉云等，

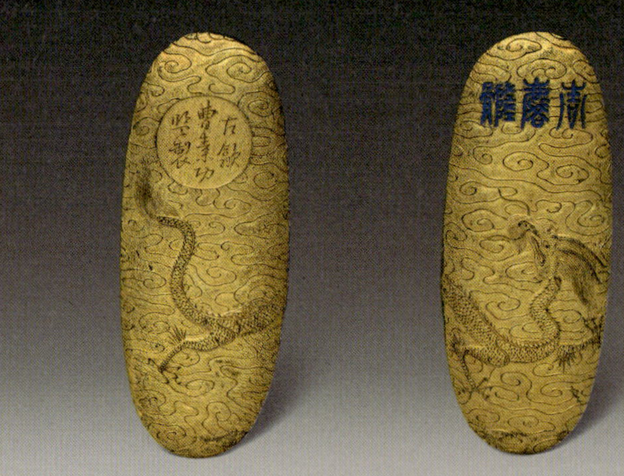

清　曹素功款青麟髓漱金舌式墨
高 6.9 厘米　宽 2.6 厘米　厚 1.2 厘米　故宫博物院藏

其中又数对名墨家祖敏及其制墨的记载最为详细："（祖敏）本易定人，唐时之墨官也，故以'济土'为号……造墨必以鹿角胶煎为膏而和之，故祖氏之名闻于天下，今墨之上必假其姓而号之，大约易水者上。"（苏易简《文房四谱》卷五）关于唐墨的记载也逐渐详细起来。如宋人何薳《春渚纪闻》卷八"墨说"记载，王景源收藏一锭古墨，可能承继于其先祖父待制公，墨的背面铭"唐水部员外郎李慥制"。他还曾经在"内省任道源家见数种古墨"，"有唐高宗时镇库墨一笏，重二斤许，质坚如

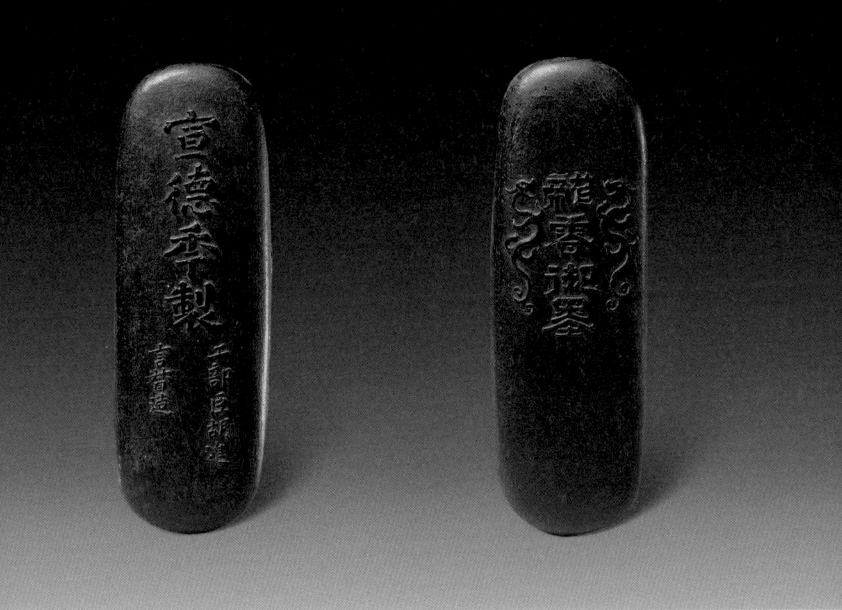

明宣德　龙香御墨
长 8.6 厘米　宽 2.9 厘米　厚 0.9 厘米　故宫博物院藏

玉石，铭曰‘永徽二年镇库墨’而不著墨工名氏”。《新唐书·艺文志》记载，玄宗修图书，创集贤院大府，季给上谷墨 336 丸。元代陆友《墨史》记载，著名书法家李阳冰制作的一锭供御墨，“巨挺，其制如碑，高逾尺而厚二寸，面蹙犀文，坚润如玉，有篆款曰：‘文华阁’，中穴一窍，下画泰卦于麒麟之上，幕篆六字曰：‘翠霞日臣李阳冰’，左行书‘大历二年二月造’”（陆友《墨史》卷上）。明代王路《花史左编》记载唐玄宗李隆基“以芙蓉花汁调香粉作御墨”。

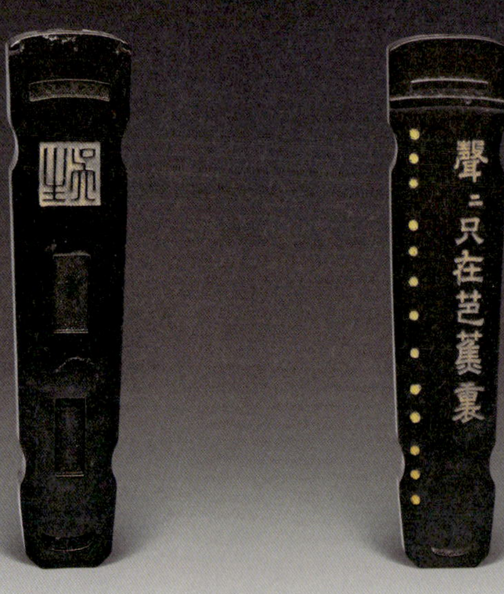

清康熙　吴生琴式墨
长 8.6 厘米　宽 1.9 厘米　厚 0.8 厘米　故宫博物院藏

文献记载外，也有唐墨出土。1978 年安徽祁门北宋墓出土的唐代“大府墨”，近似长方形，残长 8.3 厘米，宽 2.7 厘米，厚 1 厘米，重 18.2 克。上端残缺，中断，下端有磨损。正面题识“大府”，楷书，阳文，系墨成形后再压刻而成。背面残留“制”字。按《新唐书·艺文志》载：“命左散骑常侍、昭文馆学士马怀素为修图书使……而即太府月给蜀郡麻纸五千番，季给上谷（今河北易水）墨三百三十六丸。”太府即大府。“大府”墨是现存最早的有明确题识的墨，“大府”之铭标识了墨的使用对象范围，后来出土的元代“中书省”墨、文献记载的宋代“德寿宫”、“复古殿”及传世的清代“淳化轩”、“乐寿堂”等题识墨，可能都发端于此。1972年新疆维吾尔自治区吐鲁番阿斯塔那县唐墓出土的唐代松烟墨，椭圆形，长11.4厘米，宽3.1厘米，厚1.4厘米。墨锭正中白地上有楷书铭文“松心针”三字。

除文献记载及出土所见外，尚有传世唐墨数锭，几乎都收藏在日本正仓院，最为珍贵的是有一锭墨上有“开元四年”纪年。

前述种种说明，唐代制墨在前代的基础上有了进一步发展，墨体积大，已经出现了在墨上铭刻制墨者名款、制墨年代、墨的用途等事例，如前述水部员外郎李慥制墨、李阳冰制供御墨和唐朝镇库墨都是很好的例子。还有了在墨的表面刻绘装饰图案、给墨品题名等情况，如墨务官祖敏制造的墨上就有他的题识；李慥制墨既有墨品名“宝墨”，也有“水部员外郎李慥造”题识。墨有了更多种类，尤其值得注意的是出现了御墨。而且随着制墨业的发展，墨被赋予更多的文化内涵，有了很多称谓，“元光”、“青松子”、“松滋侯”都成了墨的雅号或戏称。以后墨的称呼更多，包括因为墨为黑色而造型似玉圭者被称作“玄圭”，还有“乌金”、“龙宾”、“龙香剂”、“黑松使者”、“松烟都护”、“玄香太守”、“燕正言”、“体玄逸客”等称谓。除此之外，墨还有“爵号”，据唐人冯贽《云仙杂记·墨封九锡》：“薛稷又为墨封九锡，拜松烟都护、玄香太守、兼毫州诸郡平章事。”

在不断的发展改进中，文人墨家对墨的理解已经不单纯是实用品，还是寓情之物。

唐代，易州、潞州、上党的松烟墨占据了墨业主流，“上党松心尤先见贵”（晁贯之《墨经》）。北方中原地区制造的墨不但是御用品，还供应广大的墨品市场，占据着唐墨的主导地位。

唐末五代战乱频繁，社会动荡，北方百姓为躲避战乱纷纷南迁。在这样的背景下，易水制墨名家奚超也携子渡江迁居歙州。奚氏南迁后重操旧业，改进了制墨方法。他们采用优质的宣州、黄山、歙州、黔山、松罗山所产优质松烧烟作原料，搭配珍珠、玉屑、龙脑等材料，并和以生漆捣十万杵，所制出的松烟墨明显优于旧时，很快得到当地人的认同，受到朝野上下的广泛欢迎。奚氏制墨进献南唐，得到后主李煜赏识，赐奚超以国姓“李”，又昭其孙李惟庆为墨务官，专门制墨供御用，由是以北方溪氏墨为基础生产的李墨才在江南占据了不可动摇的地位。由于奚氏制墨需求量大而产量低，而且处于不断探索中，墨的质量有时也不稳定，据记载，刺史陶雅曾经抱怨李超的墨不如以往细致坚硬，李超感叹地答道：“公初临郡，岁取不过墨十挺，今数百挺未已，何暇精好焉！”明代张丑（谦德）《论墨》也认为，李超之子李廷珪不同时期所制墨的质量有所差别：落款时“李廷珪”的“珪”字写作“邽”的墨最好，写作“圭”的次之,写作“珪”的再次之,写作“奚廷珪”的最下，

明万历　方于鲁文犀照水髹彩墨及款识
径 12.7 厘米　厚 1.6 厘米　故宫博物院藏

而写作“庭珪”的则为伪作，墨也不精。由于今天已经鲜有李廷珪所制墨传世，张氏所云是否正确没有办法印证。不过张氏能在总结前人研究的基础上作出这样的结论，也说明了明代人对墨的记载不再局限于就事论事了。

由李超开辟的歙州制墨业至其子廷珪时，始集大成。在朝廷的支持和李氏的带动下，南唐制墨业蓬勃发展起来。相应的，名留后世的墨家为数众多，不仅墨家的姓名，墨家的典型墨品也见诸著录。从文献记载可以查到的五代十国墨家和墨品远多于以往各代，这其中包括：李超、李廷珪（超子）、李廷宽（超子）、李承宴、李文用（承宴子）、李慥、李惟庆、李惟一、李仲宣、耿遂仁、耿文政、耿文用、耿德、耿盛、盛匡道、盛通、盛真、盛丹、盛信、盛浩、朱逢、景焕、韩熙载、徐铉、徐熙、徐崇嗣（徐熙子）等。子承父业、同宗共持是当时制墨业的一个显著特点。

文献记载中，还有一种非专业制墨家制作的墨，如出自韩熙载之手的面“化松堂墨”、背“玄中子”墨，出自徐铉之手的“月团”墨等。可见当时不但制墨者、文人墨客也以自制墨为耀。

文献记载外，2001 年还在扬州市南唐吕德柔墓出土一锭落款为“丁远”的五代时期松烟墨，此墨为不规则长方形，模压制成，残长 11.5 厘米，宽 5 厘米，厚 1 厘米，正面阴文楷书“供使远烟细墨”，背面方框内阳文“丁远墨”，墨质细胶凝，光泽

明万历　方于鲁文彩双鸳鸯泥金髹彩圆墨及款识
径 9.55 厘米　厚 1.4 厘米　　故宫博物院藏

依旧。

前述列举的记载、实物说明，五代制墨已采用很成熟的墨模模印工艺，墨的形状富于变化，圆形、圆角长方形、棒槌形、圭形、树叶形、椭圆形均已经出现，墨面、背的装饰形式也有了一定的规律，或正面铭文、背绘刻图，或双面铭文，但这时的铭文基本标示墨的性质，只有少数有像韩熙载“麝香月”、“玄中子”一类的称呼，制墨者无一例外将自己的名字标识在墨上。将制墨者姓氏标于墨上，一方面体现了制墨家对产品的保证与

清康熙　曹素功紫玉墨之桃源洞天墨
长 5.9 厘米　宽 2.2 厘米　厚 0.8 厘米　故宫博物院藏

自信，另一方面体现了墨的名牌效应。

五代十国时，制墨重心移到南方，主要产地是皖南歙州，这一变化奠定了宋代以至元明清徽州制墨的基础。

宋代制墨业空前繁荣与发展，成为中国制墨史上一个高峰，这体现在制墨地区广泛，制墨原料增多，不断有新产品问世，墨的质量提高，名家辈出，新墨品纷纷出现等，大体情况如下：

墨业兴盛，宋代制墨家见诸史载的有近百人之多，其中不少是名垂青史、为中国制墨做出贡献的杰出墨家，如名工张遇于熙丰年间成功地制造出油烟墨，他用桐油烧烟作原料，加入龙脑、麝香、金箔制作的供皇帝使用的墨，称为“龙香剂”，后世墨家不乏以“龙香剂”为墨品名者，可见张氏此墨影响力之大。以桐油烧烟是中国墨业史上的一个里程碑，这种制墨原料的使用，不但丰富了墨的品种，为后代墨家沿用，而且由于油烟墨的特征与松烟迥异，也为书画家创作不同艺术品时根据实际需要提供了新的选择。张遇将徽墨由单纯的松烟墨，推向了与油烟墨并举发展的新时期，自张遇开始，不断有人探索并成功运用油烟制墨。宋人李孝美《墨谱》记载了多种制油烟墨的方法，如以桐油为原料烧烟，填加秦皮、巴豆、栀子仁、甘松、藿香、陵零等配料；以清油、麻子油、沥青作原料烧烟，以酸石榴皮、胡桃青皮、皂角等为配料；以麻子油为原料，紫草、巴豆、秦皮等为配料；以麻子油、沥青为原料，酸石榴皮、牛角腮、草乌头、紫草、巴豆等为配料；以大麻子油、糯米为原料，皂角、龙脑、麝香、秦皮等为配料……不同原料加不同配料都是为了使所制墨质量更好。从李氏列举的配料可以看出，其多为中药，它们在制墨中所起作用不同：秦皮可以解胶，陵零、藿香、丁香、龙脑、麝香等可以中和烟煤与胶的异味，栀子仁可以去胶色等……李孝美能列出这些油烟墨的制法，一方面说明他对制造墨有研究，一方面也说明了当时油烟墨的兴盛，制墨家对制墨所用原料配方、制墨方法的开放态度。众所周知，中国古代家庭手工业最大的特点就是技术不外传，因此而导致很多优秀手工业技术失传，后世对诸多事物知其然而不知其所以然，欲生产还要重新摸索探求。制墨可以说是个例外，历代名家的制法不同程度流传下来，为后人制墨提供了经验。这也应该是中国制墨水平持续提高的原因之一。进入明以后，由于商品经济发展，竞争激烈，制墨方法不再开放，各家制墨的配方成为秘密，时至今日，徽墨的产地还保留着这一传统。因油烟墨的发明与烧制，减少了对古松的需求，在某种意义上说有利于保护生态，同时也拓宽了制墨原料的来源渠道，开辟了制墨业的新领域，油烟墨逐渐取代松烟成为徽墨的主要原料。北宋大观年间，墨工高庆和尝试以松枝蘸漆烧烟，发明了漆烟墨。制墨家潘谷于元祐时名噪一时，被称为“墨仙”，他制作的“松丸”、“狻猊”等墨，“遇湿不败”，“香彻肌骨，磨研至尽而香不衰”，被誉为“墨中神品”，倍受青睐。吴滋所造之墨“滓不留砚”，曾得宋孝宗犒赏缗钱两万的奖励。柴珣采用二李胶法制作的墨形式多样，其中铭文“柴珣东窑”的墨，深受士大夫喜爱，将之与金玉并论。九华朱觐还成功地制出用胶作软剂的出光墨……陆友《墨史》记载：“朱觐，九华人，擅用胶做软剂出光墨，滕元发作郡日，令其手制，铭曰‘爱山堂造’者最佳，子聪不逮其父。”关于朱觐软剂出光墨现有实物面世，1988 年 1 月安徽省合肥市文物管理处在合肥市郊宋马绍庭夫妇墓出土

明　程君房制寥天一墨
长 8.9 厘米　宽 2.4 厘米　厚 0.9 厘米　故宫博物院藏

了一锭朱觐制墨，此墨为松烟墨，梭形，长 21 厘米，宽 3.4 厘米，厚 0.7 厘米，脱水后干重 39.2 克，一面阳文楷书“九华朱觐墨”，一面椭圆形线框外模印二“香”字，内印凤纹。苏浩然所制墨均“松纹皴皮，而坚硬如玉石”，高丽人入贡时专门提出要苏墨。戴彦衡、吴滋、叶邦宪、沈珪、叶实茂等名家在选料、配方、烧制、和胶及捣杵等工艺方面也分别有所创新，为后世制墨积累了经验。在前面提到的合肥市郊宋马绍庭夫妇墓中，考古工作者还发现了一锭“歙州黄山张谷制”墨，此墨亦松烟墨，梭形，长 25 厘米，宽 5 厘米，厚 1.4 厘米，脱水后 109.6 克，一面长方线框内残存模印“歙州黄山张谷□□□□”铭文，后有专家考证，张谷后面的四字应是“男处厚墨”，据元陆友《墨史》记载，张谷是宋代名墨家张遇之子，处厚是张谷之子。1977 年江苏省武进县出土南宋叶茂实墨，长方形，残长 5.5 厘米，宽 2.3 厘米，厚 0.6 厘米，重 14.5 克，一面残存“玉”字，一面残存“实制”。叶茂实以擅制油烟墨而闻名。这些珍贵的实物与文献相互佐证，说明宋代墨家制墨名不虚传。

宋代文人墨客参与制墨成为时尚。以往时代也有文人士大夫参与制墨，如前面提到的五代韩熙载、徐铉、徐熙等，他们更多的是参与墨的制造。宋代文人墨客也喜欢制墨，如苏东坡曾经得烟造墨，并题识曰“南海松煤”、“东坡法墨”，秦少游、黄庭坚、陆游甚至宋徽宗也都曾经亲自制造墨，据记载，徽宗所制的苏合油墨深为后世青睐，到金章宗时，即使高价索求也得不到了。不仅如此，宋代文人墨客还喜欢品墨，何薳《春渚纪闻》记载，有人请苏东坡评判从李廷珪到潘谷十三位墨家制墨的好坏，东坡就用这些墨分别写首诗，每篇后面写上墨工姓名，按照好坏进行排列。

宋代出现了有迹可查的贡墨制度，有铭以贡墨的实物，据记载:朱君德、柴成务、李文远皆易水人，“其制有剑脊、圆饼、抽墨、进贡墨、供堂墨，其面多为龙纹，其幕（音漫）有‘宣府’字,或止云‘宣’,或著姓氏,或别州府。今人间已少有传者”（王辟之《渑水燕谈录》)。1995 年江苏宝应宋墓出土的一锭桐油烟墨，椭圆形，长 14.9 厘米，宽 3.9 厘米，厚 1 厘米，重 40 克，墨正面作双线长方框,内楷书“东山贡墨”四字,表有漱金痕迹，制作得极为精细，这是目前所知的最早的贡墨实物之一。从墨的款识上还可以看出宫廷用墨的特点——将墨的使用范围标出来。如叶世英造的“德寿宫”墨,徐知常、叶邦宪造的“复古殿”墨、“雪斋宝”墨、“缉熙殿”墨等。而复古、缉熙、德寿等殿堂均为宋代皇宫后寝的宫殿名。清朝内务府制墨标明其所属收藏使用地如颐和轩等，可能就是受了宋墨的影响。

墨成为专门研究的对象，成果显著。宋徽宗对文物的偏好，带动了民间的收藏研究热，“士大夫之好事者蓄图画书刻器用之类，必皆以传之久者为贵，书画至于漫蚀而不完，器用至于

明　罗小华制半核桃式墨

长 4.7 厘米　宽 3.1 厘米　重 11.5 克　故宫博物院藏

诡怪而难辨，则宝而藏之为愈”（李孝美《墨谱法式》）。古往今来一切与艺术文化相关的东西都成为人们追逐研究的对象，一向为文人墨客案头物的墨也不例外，随着制墨业的蓬勃发展，上自皇帝下到平民百姓不乏嗜墨之人。随之而来，关于墨的记载、研究著作多了起来，出现了研究墨的专家，其中最值得一提的是有了关于制墨的专著——《墨谱法式》。《墨谱法式》，宋代李孝美著，为今存最早的论墨之作，分三卷，上卷用图示加文字说明的方法，详细叙述了制墨从采松开始直到制成墨的全过程；中卷以绘图形式记录了从唐代墨官祖敏的“济土”到宣道、宣德二人制墨，并记录了包括猛州贡墨在内的三锭新罗（今朝鲜）流入中国的墨；下卷记叙不同时代墨家制墨的原料、配方和制墨方法。《墨谱法式》对后世制墨具有重大影响。除李氏外，较有影响的书籍还有何薳的《春渚纪闻·墨说》，专门记述唐宋间墨坛掌故，并对古代的制墨方法如和胶、选烟等加以简略论述。晁贯之的《墨经》，记述从选料到成品及制墨的最佳时间、如何辨别墨品好坏。苏易简的《文房四谱·墨谱》，记述自汉至宋间墨的历史沿革，制造、逸闻趣事等。

制墨地区广泛，宋代制墨地点广布全国。从官方的史籍记载看，除了潞州、易州、绛州仍沿唐故继续贡墨外，安徽的歙州、山东的鲁郡所制墨也成了贡墨选择对象。四川、浙江、海南制墨也散见于宋人笔记诗文中。

宋代制墨发达。除了松烟墨外，油烟墨、松油烟墨都已经发展起来，且油烟墨的制造已经达到很成熟的地步。全国最大的制墨基地仍为歙州，每年进贡龙凤墨千斤。除了歙州，其他地区也有在制墨方面不断创新的人物，何薳《春渚纪闻》记载："漳州胡景纯专取桐油烧烟，名桐花烟，其质甚坚、薄，大者数寸，小者圆如钱。"可见当时探索新方法制墨的，不仅是徽州墨工。陆友《墨史》也记载，宋代"长沙多墨工"。特别是在北宋诸多制墨家的共同努力下，徽州的制墨步入了大发展的鼎盛时期。北宋宣和三年（1121 年），朝廷改"新安"为"徽州"后，"徽墨"这一称谓随之出现，相沿至今。

元代制墨基本承传宋代。著名的制墨工匠有十余人，潘云谷、胡文忠、林松泉、于村仲、杜清碧、卫学古、黄修之、朱万初、邱可行、邱世英、邱南杰。其中朱万初所制墨最为有名，他所制墨"纯用松烟，盖取三百年摧朽之余精英不可泯者"（蒋一葵《绕山堂外纪》卷七十三）。值得一提的是，1958 年山西大同冯道真墓出土的一锭元代"中书省"墨，此墨椭圆形，模压而成，形体基本完整，一面为龙戏珠纹饰，图案与雕刻艺术与宋代风格同，一面阳文篆书"中书省"三字。因长期在地下受潮气侵蚀，已经断裂。这一出土实物，填补了元代墨的空白。

元代也有关于墨的著作，主要是张寿的《畴斋墨谱》，首列李廷珪等所制墨 31 品，并有试墨序文及宋代墨工蒲大懿的简介。陆友的《墨史》，收集了 130 多位历代制墨名家的事迹。值得注意的是这些墨家均为宋及以前人，没有元朝墨家，也鲜有元朝制墨情况的载录，从一方面反映出元代制墨业的不景气。

明代制墨主要集中于安徽地区。与其他传统手工业一样，由于商品经济的发展，资本主义萌芽的刺激，制墨行业也出现了剧烈竞争。而随着徽州商业的繁荣，徽商的辛勤努力，徽州制墨家的广泛宣传，徽墨声名远扬，产品传遍全国，并行销海外。其时制墨业人才济济，名工辈出。据明末麻三衡《墨志》记载，明代徽州地区墨工已达 120 余人。嘉靖年间的方正、邵格之、罗小华以及万历中期的程君房、方于鲁、汪春元、叶玄卿等，都是在激烈竞争中相继兴起、独领风骚的代表人物。“松烟”墨继续制造，“油烟”、“漆烟”也被广泛采用，制墨行业形成百家争艳的局面。明墨不仅质量精良，而墨谱的图式、墨模的雕刻等，也各尽其美，就连装墨的漆盒也非常精致，富有装饰性的成套墨——集锦墨开始出现。制墨业再创新高。

此时关于墨的著作更多，有关于墨的制造的，关于墨的历史沿革的，逸闻趣事及墨的收藏的，制墨图谱等。如：沈继孙的《墨法集要》，张谦德的《论墨》，项元汴的《墨录》，麻三衡的《墨志》，潘膺祉的《如韦馆墨评》，陶望龄的《墨杂说》，程君房的《程氏墨苑》，方于鲁的《方氏墨谱》，方瑞生的《墨海》等。这些著作为后人留下了宝贵的资料。

清代制墨有两大主线：地方和中央。地方制墨仍然集中在徽州，随着社会环境的变化，徽墨亦经历了胜极而衰的变化，早、中期，仍是制墨业的鼎盛期，在明的基础上，徽墨制作家们推陈出新，各领风骚。著名的曹素功、汪近圣、汪节庵、胡开文制墨四大家制墨贯穿了有清一代。中央则在内务府设内务府墨作。清朝廷极重视制墨，不但在内务府设墨作制墨，还专门从产墨的徽州选名家进京指导，汪近圣之子汪惟高就曾经在内务府呆了三年指导制墨，贡墨、御墨是清代最具特色的墨。

清代制墨是在明的基础上完善和多元化的，此间文人自制墨大行其道，参与制墨的人数、墨的品种都创造了历史之最，反映了文人自娱的一种价值趋向。清代制墨行业在道光之后逐渐走下坡路，到了清代末年，由于受到墨汁发明、海禁大开、洋烟涌入等的冲击，传统制墨业遭受重创，从此一蹶不振。

与明一样，清代关于墨的著作也很多，大致有：《内务府墨作则例》、谢崧岱《南学制墨劄记》、万寿祺《墨表》、张仁熙《雪堂墨品》、宋荦《漫堂墨品》及《漫堂续墨品》、曹素功《曹氏墨林》及《徽歙艺粟斋墨品》、汪近圣《鉴古斋墨品》、孙炯《砚山斋墨谱》、汪炽甫《纪墨小言》、邱学敏《百十二家墨录》、徐康《窳叟墨录》、姜绍书《墨考》、借轩居士《借轩墨存》等。

与其他手工业不同的是，墨作为书写绘画的必需品，从形成时起就再没有中断过，由于行业的特殊性，不同时代的墨家均喜欢将自己的名字题在墨上，以示对所制墨的质量保证，文人墨客也附庸风雅，自己题识请墨家制墨。这种无意间留下的史料，是其他行业无可比拟的。（王俪阎）

乾隆朝御墨的来历和特色

清代乾隆御墨中的“御”字包括两方面的内容：一是由乾隆帝组织的对内廷藏墨的整理活动，二是本意上的乾隆朝内廷墨品，即“御墨”是指供皇帝使用之墨。

清代制造过哪些御墨，迄今并无明确的研究。不过目前所知清宫御墨最早的是康熙朝内廷制品，但是种类和数量不多。雍正御墨的情况与康熙御墨相似。乾隆时期的宫廷御墨，多由御书处墨作完成。据造办处《活计档》记载，早在雍正时期，宫内藏墨已有相当数量，藏墨的管理工作亦被提上日程。乾隆即位之初，便组织了对内廷藏墨的清点、分类、鉴选工作。

分类装箱和收拾

在清点藏墨时人们发现，宫廷藏墨有很大一部分已残缺损坏。于是造办处将鉴选过的墨按类进行了集中装箱。弘历特别重视明代方于鲁、程君房墨与“好古墨”的收藏和保管。对于盛装方、程墨箱子的样式和装潢都十分关心，令其通常贮藏在保存条件最好的“秘笈龙香”洋漆箱内。即便是方于鲁、程君房破墨以及“平常古墨”，如果损伤并不是特别厉害，同样被下令盛装于被命名为“秘笈龙香”的二号洋漆箱中。

对于新制乾隆御墨及刘源墨，造办处匣作同样不敢轻视。为此工匠们专门设计了洋漆箱屉，盒盖上刻“天章宝露”墨名，特别是“七层栏杆做七层花样”。至于刘源墨，档案中记载的

清人画弘历古装像轴 故宫博物院藏

主要内容是将其进行重装。配套重装是将已经打乱不得不按形分类的墨照原来所制套墨的样式配套，再加包装，恢复套墨的原本状态。按照原本安排，完好的刘源墨被补入洋漆箱，箱盖刻“千秋元笏”四字。乾隆六年（1741 年），弘历又提出将千秋元笏墨另配楠木箱。于是造办处将所藏这 14 种墨重新清点、整理，贮以高档漆匣，题铭为“御香”，另有“乾隆戊午”字样，并分为乾、坤、震、巽、坎、离、艮、兑八匣藏贮，外以缂丝龙纹黄缎包袱裹之。尽管刘源墨的盛装箱多有变化，但是由于弘历对其的偏好以及刘源墨本身质量的过硬保证，对于其“破坏之墨”的处理仅仅是“粘补”或“粘好”。并无大规模“毁”做之举。

在对内廷藏墨的清点、归类过程中，人们发现“破”墨占有很大比重，如不经处理便无法继续加以收藏。对这些残缺、损坏的墨，弘历指示进行“收拾”。根据墨品破碎程度的不同，“收拾”的措施主要包括粘补、描金、局部改型、复制重做以及补制等内容。首先是粘补。粘补是“收拾”中最为初级的修补手段。此举对墨的原型做到最小程度的干预。特别是那些质量较好的墨品，如刘源墨、古墨等，一般不轻易毁掉，而是下令“好生粘严”、“粘好送进”以及“缺角粘补”等。其次是“钩金”。钩金即描金，是整个制墨工序中的一个步骤。由于保存不善，有些墨上原有的钩金彩画会逐渐褪掉。或者有些御墨在被呈览

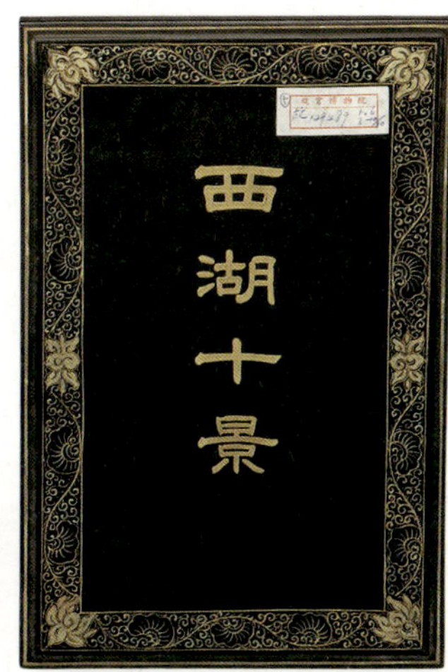

清乾隆　西湖十景诗墨
故宫博物院藏

时尚未来得及进行描金。因而档案中有皇帝下令对其进行描补的明确记述。至于“钩金”的部位，多为墨上表达墨主题或最主要装饰之处，如墨名、龙纹等，而作为辅助装饰部分的云水纹则要求不多。再次是局部改型。此举主要是针对某些墨形较为完好，但是墨形不合心意者进行的局部改动。采取的策略是少动则佳的原则。如某锭朱墨的两头皆不合圣意，便被要求进行删改。又有琴式朱墨两锭的枕足不全。弘历下令“粘补、收拾，

清乾隆　御制石鼓式墨

故宫博物院藏

如收拾、粘补不得即将枕足磨平，入在配盛古墨箱内”。

至于那些过于残破或者艺术价值不高，已没有保留必要之墨品，乾隆帝下令进行毁做处理。大量关于毁墨的实例几乎贯穿乾隆的整个统治时期。其中除单列“破古墨”外，还记载有对明代仿程君房墨、仿方于鲁墨、刘源破墨以及破损的新墨进行毁做的情况。总体而言，弘历要求毁墨再制的根源是墨品中“胶败”的现状已经严重影响到墨的完整保存。这是因为胶的

优劣与使用多少是决定墨品保存时间长短的首要因素。关于“胶败”，宋人晁贯之在《墨经 · 新故》中有所论述：“凡新墨不及故墨。……胶久而固，固而乃发光彩。此古墨所以重于世。凡新墨不过三夏，殆不堪用。凡墨胶败者末之，新煤再和殊善。入胶久之乃可和。”正因为如此，乾隆帝在其旨意中屡次提出“胶大些”或“加胶”、“多加胶”的字眼，这不仅是出于对其书画过程中墨色浓淡的考虑，而且包含着对于墨品本身保存条件的要求。古人以胶作为粘接剂、以模制墨的本意应当是使墨品的质地更加坚挺、使用更加便捷，但后来的发展却显然偏离了最初的目的，墨开始成为集中展示书法、绘画、雕刻等传统文化的载体，并在一定程度上反映了当时人的审美情趣。

新制墨

乾隆时期的内廷工匠会借鉴旧有墨样进行重新设计，从而创造出具有鲜明本朝特征的新墨品，尤其以仿造康熙朝御墨和刘源各式博古墨最具特点。其改动的原则有三：一是在墨品命名上摹仿前朝墨；二是在造型上摹仿前朝墨；三是完全仿制前朝墨，只不过在款识上署本朝款，即“大清乾隆年制（造）”等。乾隆御墨中仿造前代墨品最为杰出的代表是“天章宝露”26 锭彩墨与 40 锭黑色墨。经查，无论是以上的 26 锭还是 40 锭墨中如“云行雨施万国咸宁”、“艳友”、“青圭”、“云汉为章”等

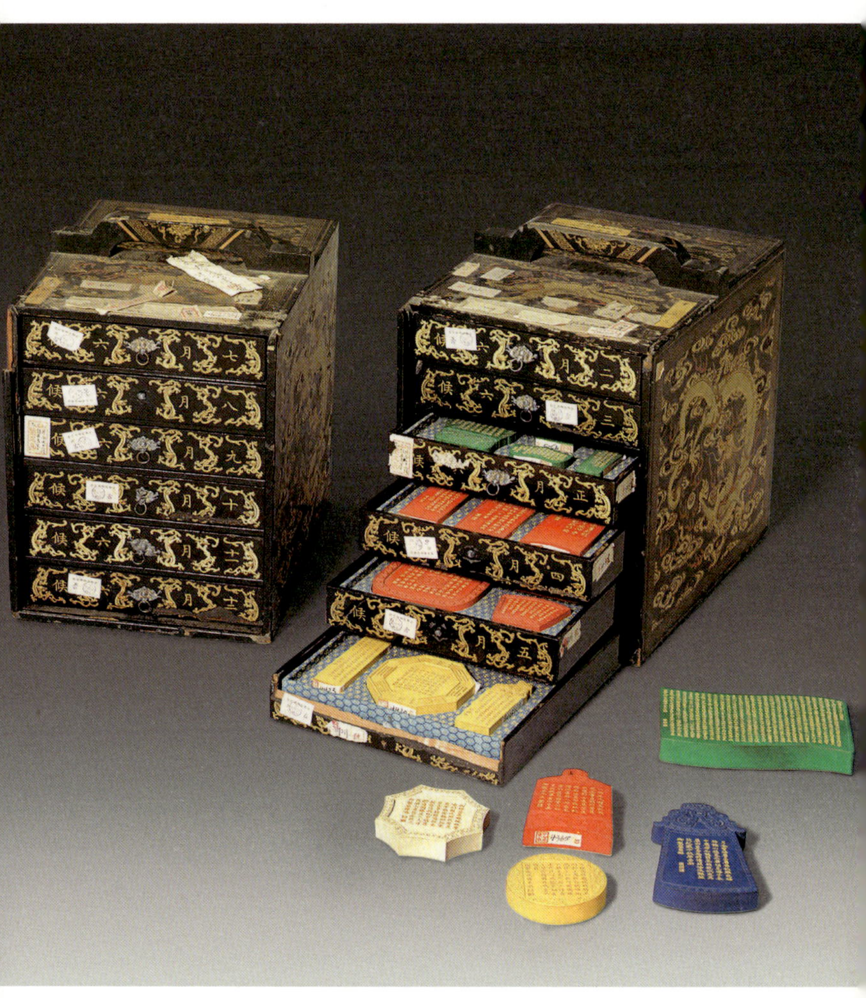

清乾隆　御制月令七十二候五色墨
故宫博物院藏

清乾隆　描金彩漆天保九如御墨
故宫博物院藏

皆取康熙朝御墨原名。有的则借鉴刘源墨造型：如仿刘源“宋砚”式、“有虞十二章”式、“龙德”式、“松风水月”式、“珮璜”式墨等。总体而言，这些墨品不仅在形制上完全模仿，而且在装饰内容与墨名上也相仿。有些御墨还在侧款上署有“养性殿珍藏”、“淳化轩珍藏”、“古华轩珍藏”、“乐寿堂珍藏”等字样，应是乾隆时期用于殿宇陈设特制的鉴藏墨品。此举明显是模仿康熙帝的做法并加以发挥。

还有一种“收拾”可以被归入“毁”墨系列。其主角有“收拾不得”以及“甚破坏者”。其方法是御书处将原墨捣碎后照原墨制模复制成“再和墨”。弘历特别要求墨品的保存时限和成套藏品整体性完整。另外某些墨由于体积过大，使用不便者，其样式也由大改小。一些样式不被乾隆看好的墨品需要重新制作。所谓“再和墨”，是指墨工将碎墨蒸浸以出胶，再以新胶调合，或者将旧墨残碎品捣碎加入若干药物等重新制造出的新墨。其过程中尤为重要的便是进行配料上的调制。因以残碎旧墨重制，故核减冰、麝。在制造“再和墨”的一系列工序中，仅仅省去了点烟、选烟的工序，其后的融胶、用药、蒸剂、锤捣、秤剂、压模、干燥、修整、装饰等工序一步不能少。关于“再和墨”，世间多有传闻。收藏家历来也都非常重视御墨的搜集。早在宋代，有人便将众名家的作品“和”在一起，认为这样的墨实乃“胜绝”。

清宫御墨制作深受徽州制墨法的影响。至于制墨人或监制人，世间传闻最为著名的便是徽州制墨名家汪近圣（1692年～1761年）之子汪惟高。据《绩溪县志》:“汪近圣，号鉴古，上田人。制墨精妙，六邑争购之。乾隆辛酉，子兆瑞同吴庆禄召选入京，于御书处开局监制，近圣墨名遂播一时。”按照明晟的说法,汪惟高离乡赴京的三年(1741年～1743年)中，“选名材，精器具，法必宗于古，式必从其新。教习制墨十函，使居肆者皆成其事，什袭者皆发其光”。由于其所制墨深得圣意，便随敕谕“仍照前造十函”。值得注意的是，汪惟高的前十函墨被称为“制”，后十函却被称为“造”。二字的变化，反映了汪惟高制墨逐渐得到弘历信任的过程。值得注意的是,《鉴古斋墨薮》目录中在“辋川图”墨之前特意标注“进呈”二字。目前我们虽无法断定汪惟高所“造”御墨究竟有哪些，但是汪惟高在京营墨的经历仅由“制”向“造”的变化，即可从一个侧面反映了乾隆御墨从仿古向自创的转变过程。除御书处墨作及徽州本地外，由于苏州的制墨技艺较造办处更为高超，朝廷便将御墨的制作直接交予苏州地方。不过内廷遴选苏州当地墨工早在乾隆初年便已出现。之所以如此，是因为江浙一带历来是徽州移民的重点流向地区。作为江南重镇，苏州集聚了大量徽州墨工。

关于乾隆御墨到底属不属于集锦墨的范畴，目前在学术界尚无定论。集锦墨，是中国墨史上墨品从实用向装饰发展的产物。据明代高濂《燕闲清赏笺》记载，集锦墨发端于明代嘉靖时期，首创者是当时徽墨休宁派的代表人物汪中山。在《明清两代的集锦墨》一文中，尹润生先生提出集锦墨是带有装饰的成套丛墨，并还详细列举了集锦墨的几个要素，即类型与特点、形制、功能等。据其论述，集锦墨按类别可分为三种：一、每锭墨形式各殊，图案各异；二、每锭墨形式相同，而绘图题识互异；三、选用不同的名品，聚集在一起，即所谓“豹囊丛赏”或“瑶函墨”。各墨的形式、图案、名称都不相同。同时他还指出集锦墨具有以下特点：墨料坚细，制造技术相当熟练；镌模技巧精湛，造型多样；画家、书法家的艺术也在墨上得到表现；墨囊匣装潢华丽考究，形式美观。总体而言，以上数点是组成集锦墨的不可缺少的部分，同时也说明了集锦墨是多方面的艺术总汇。

笔者认为，乾隆御墨具有的特征与尹润生先生所给集锦墨的概念与特征基本上是相符的：

有统一墨名的成分精品套墨大量出现

经查，无论是清宫旧藏乾隆墨品，还是《活计档》中记载的一些材料都明确了乾隆御墨的形式与种类，进而我们可能了解其中某些方面的内容。据造办处木作在乾隆十四年(1749年)七月初二日记载，弘历曾派人责问御书处：“为何不毁做成分，

清乾隆　御制棉花图诗墨
故宫博物院藏

查明回奏……”可见乾隆时代所制御墨成套（成分）已成惯例。御书处偶尔一次的失误竟引得弘历大为不快。另如乾隆年制“天章宝露”墨中所谓的凡“大小二十六锭”者，实为一套。除黑色墨品外，还有黄、红、白、蓝、绿各色成套制作的墨品。另据粗略统计，目前现存的套墨品种数量在十几种左右。无论是乾隆御墨中的哪一种，每一箱都有共同的墨名。仅从《活计档》来看，例如盛装程君房、方于鲁并好古墨被称为“秘笈龙香”、

刘源墨被命名为“千秋元笏”或“御香”，乾隆新造墨被称为“天章宝露”或“豹囊古馥”，还有一些更被直接命名为“御墨”。至于不见档案记载的乾隆御制墨，其墨名更是纷繁复杂。

造型多样，尺寸各异

仅以一套 40 锭的“天章宝露”墨为例，其用料考究、工艺精美，造型千变万化：例如有柱形（“云汉为章”）、长方形（“纶阁”)、圆形和印章式（“云行雨施万国咸宁”)、珮式（“璜珮”)、葵式（“天保九如”)、圭形（“有虞十二章”）以及“天圆地方”式（“寓名蕴古”）等。

乾隆御墨的另一个特点是所制既有普通尺寸的墨，也有超大型墨。乾隆大型墨的重量一般约在500克以上。然古代墨工制墨乐于“宁小不大”。原因在于制作大墨用料多，和胶、制坯较难，制出的墨极易开裂。所以乾隆时期大墨的出现，说明当时制墨水平的提高。

寓意吉祥，内容丰富

乾隆御墨的纹饰更加丰富，除龙纹外，历史典故、人物、诗歌、吉祥图案等皆成为装饰内容。弘历尤其注重对于优异的墨品、古品进行保护。这些墨品无论是方、程墨还是刘源墨，或者是新造当朝墨，它们从外观上看大都典雅优美，构图巧妙，刀法精到，让人能得到一种美的享受。仅就乾隆款御制“题画诗”墨、“西湖名胜图”诗墨而言，前者的墨面各取历代绘画名家如黄荃（五代)、王蒙（元代)、方壶（元代)、沈周（明代)、文徵明（明代)、王绂（明代)、王履吉（明代)、吴历（清代）等人的画作，并在墨背题写乾隆御制诗。而“西湖名胜图”诗墨不仅在图画、诗词上让人称绝，在墨的造型上亦独具特色。还有相当一部分墨品以吉语为题识，如“天保九如”表达祝福，以“归昌叶瑞”寓意吉祥等。不仅如此，清宫造办处制墨不同于地方制墨，有其特殊的服务对象与要求。不同品级的墨，不仅墨质不同，其装饰也不同。

配套囊匣应运而生

在皇帝的直接授意下，与墨品相适应的各种形式的囊匣也应运而生。清代宫廷所要求的“恭造”风格源于清皇室的美学标准，即追求高贵典雅，精工细做，讲究形式与内容的完美结合。当时宫廷墨囊匣的纹样题材十分宽泛，有山水人物、自然景物、吉祥纹饰等诸多内容，大多富含深刻的吉祥寓意。这些囊匣既能展现出古朴典雅的风格，衬托出文物的精美，又能使文物得到很好的保护。仅就墨囊匣图纹雕刻风格或工艺特征的演变而言，其发展与同期的漆、竹、木、牙器等各门类的制作技艺保持着相同的流变方向，符合其时工艺美术领域共同的审美标准。实践证明，一些名品历经二百多年能完好地保存到现在，除了其本身的质量保证外，良好的包装工艺功不可没。

以乾隆御墨为范本的传世墨品流行

相当一部分乾隆御墨属于当朝新造设计墨样，满足了新时代的需求。此间造办处《活计档》有大量推翻旧模，交苏州织造重新刻制新模的记载。当然，我们目前已经无法准确统计乾

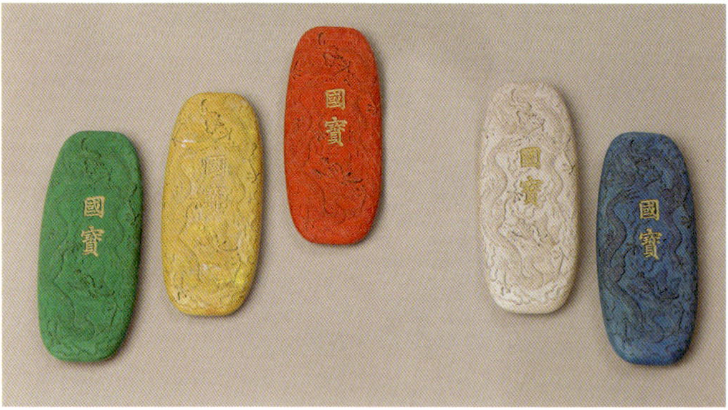

清乾隆　御制国宝五色墨
故宫博物院藏

隆御墨的种类究竟有多少。不过《鉴古斋墨薮》中记载了当时最流行的一些款式，我们可以由此略窥一斑。由于乾隆御墨极其精美，以“清代四大墨家”（曹素功、汪近圣、汪节庵、胡开文）为代表的徽州墨家皆以其为范本进行仿制，并以乾隆御墨为名出售。例如石谷风编《徽州墨模雕刻艺术·御制铭园图墨模雕刻艺术》认为：“（御园图墨）由清宫内务府造办处主持，如意馆画家集体绘画，花纹、图案装饰也由如意馆专业画工绘制，由御书处墨刻作南匠分工精刻……”仅以《汪近圣墨薮》中所展示的各式乾隆御墨图谱，如“西湖十景”、“四库文阁”、“铭园图”等数例中，便可见到宫廷定制样式对于地方制品的影响。

正是通过定制墨及囊匣样式的规定等方式，在彰显皇家趣味与风范之时，宫廷文具的设计风格与样式也影响到了地方。

综合以上内容可知，绝大部分乾隆御墨可以被归入集锦墨的范畴。这是因为除墨品本身的制作外，工匠们还在墨囊匣制作时采用了多种装饰工艺，如雕刻、篆刻、绘画、镶嵌、烧造、编织等，体现了当时各类工艺美术技艺发展的最高水平。其囊匣不仅是一种珍贵文物，同时也是研究其他类文物的辅助材料。这些造型精巧的各式囊匣使墨品的保存和携带更为安全方便。

乾隆时期对于墨的整理，使得大量“古墨”得以妥善保存。经过贯穿整个乾隆朝的整理，大量珍品古墨得以保存至今，皆应得益于当年建立起来的名墨保护体系。尽管当时整理藏墨时对大量墨进行了毁制，特别是有些古墨经过毁做失去了墨品的本来原貌，对于后人了解古墨的形制无疑也是一个损失。不过这是不得已而为之的办法。一些遭到捣毁再造的传世珍品，尽管面目更新，但毕竟胎骨仍存。（林欢）

尺素霓裳：
笺纸、文学与古版画

笺纸即小幅、精致的纸张，用于书札称信笺，用于题咏，则称诗笺。我们要谈论的笺纸，是指漂染上色、有图样纹饰的彩笺。细分起来，有单色素笺，有描印花纹的花笺，也有填绘、刻印图画的画笺。

谈论笺纸，先要从纸说起。从出土实物看，纸张的出现可以追溯到西汉，但当时的使用范围有限。东汉蔡伦的功绩，是将造纸的物料标准降低至随处取用的程度，使得书写媒质和知识传播的大范围普及成为可能。魏晋时期，造纸术得到改良，多以帘床抄纸，黄檗染潢。纸亦分南北，北纸用横帘，质松而厚，南纸纹竖，亦较为细密。晋人法书多用南纸。陆翙《邺中记》

明　蜡印故事笺　纵131.5厘米　横31.5厘米　故宫博物院藏

记述后赵石虎用五色纸作诏书，谓之凤诏，当是书纸染色的初始。南梁徐陵编《玉台新咏》，序文中有“三台妙迹，龙伸蠼屈之书；五色花笺，河北胶东之纸”的句子，可证明至晚在南朝时，彩笺已在文人中间流行。笺纸的用途，一是书信，一是题咏，均与私人情感交流有关。但彩笺比普通用纸更特殊的一点，是代表了风雅和文学。对于书写纸张，古代知识阶层不仅相当挑剔，更赋予其某种文化符号或象征意义。笺纸着色，一方面满足视觉认同，一方面暗示了书写内容的属性。

文学与笺纸结合的第一例“符号”，当数薛涛笺了。女校书薛涛与诗人元稹的浪漫故事在后世流传甚广，但多数人忽视

清乾隆　梅花玉版笺　纵 49.7 厘米　横 51.8 厘米　故宫博物院藏

了薛涛所制花笺的意义。事实上，它既开私人专用笺的先河，亦奠定了红色八行笺的格式，成为题咏唱和的首选。蜀笺天下闻名，薛涛所居之浣花溪水质尤佳，当地人沤麻楮作笺，然所制纸幅阔大，殊无雅趣。薛涛以木芙蓉皮为料煮糜，掺入芙蓉花汁，制成绯色小笺。元稹、白居易、杜牧、刘禹锡等名士与薛涛之间的往来酬和，亦常用此笺。薛涛笺的实物未能保存下来，而是进入了历史，成为后人虚拟而永恒的向往。晚唐诗人韦庄作有《乞彩笺歌》，写道："也知价重连城璧，一纸万金犹不惜。薛涛昨夜梦中来，殷勤劝向君边觅。"我们也可根据文字描述，想象其在视觉心理上的吸引力。李商隐有诗云："浣花笺纸桃花色，好好题诗咏玉钩。"桃花的颜色和佳人的传说，混合为一种对明丽、优美、易逝的事物的联想，从而引发观者的情思和灵感。观众大多也是文人，执笺题诗，自有与某种古代典范相接续的仪式感。

唐代的笺纸品类，远较两晋为多，吴越有剡藤、苔笺，蜀中有麻面、屑末、滑石、长麻、鱼子，至宋元又有团花笺、碧云春树笺、金花笺、春膏笺、水玉笺、黄罗纹笺等，更向追求视觉的绚烂精致方向发展。苏易简《文房四谱》载，唐时即有十色笺，惜所记不详。更为著名的多色笺纸是谢公笺，为北宋谢景初所制，计有深红、粉红、杏红、明黄、深青、浅青、深绿、浅绿、铜绿、浅云十种，在色样的丰富上更超越了前代。宋代的文士毫不掩饰对名贵书写材料的追慕。元人费著《笺纸谱》记载的霞光笺，以胭脂染色，极为靡丽，范成大甚爱之。梅尧臣、欧阳修、司马光的诗中均有"把玩惊喜心徘徊"、"嗟我蓄此纸，才藻不足任"的描述，在精英士人看来，名纸、名笺等文房雅玩，足可与题写其上的文字具有同等不朽的价值。

清乾隆　仿明仁殿画金如意云红粉笺　故宫博物院藏

笺纸在明代以前，大多数是单色的素笺。至宋时，始有在纸上绘龙凤、如意等描金图案。据陶榖《清异录》所述，五代时有砑光笺，系在沉香木上镌刻山水、花果、虫鱼，以彩纸覆之，用木棍或石蜡磨砑，使雕版上的花纹凸显于纸面。陈继儒《妮古录》亦记载："宋颜方叔尝创制诸色笺，有杏红、露桃红、天水碧，俱砑成花竹、鳞羽、山林、人物，精妙如画。亦有用金缕五色描成者，士大夫甚珍之。"由这些描述可见，砑光法已与后世彩印笺纸的"拱花"技术相当接近。但在套印术发明以前，画笺仍然与丹青笔墨的效果存在着相当大的距离。如果说文人手制模式使得笺纸在较小范围内始终保有精英阶层的认

清中期　秘阁仿古名笺
故宫博物院藏

同的话，那么，只有到明代后期，雕版刷印彩笺的出现，才标志着笺纸在社会范围内真正成为一门艺术。

明代是中国古版画和书籍出版业发展的高峰时期。尤其是到 16 世纪后期，得益于商业和城市文化的繁荣，士人、画家、出版商、梓工等阶层间的频繁互动，版画的刻印技术和艺术水准都提升至前所未有的高度。晚明文学和物质文化的世俗化和注重感官享受的特点，使得笺纸的发展益趋向于“观看”的多重需求。这些方向上的努力，使得笺纸最终与雕版印刷结合起来，亦促成了集笺成帙的笺谱的出现。其中代表之作，莫过于吴发祥的《萝轩变古笺谱》和胡正言的《十竹斋笺谱》。《萝轩

清乾隆　朱红描金银龙戏珠纹斗方绢龙盒
长 61 厘米　宽 61 厘米　故宫博物院藏

变古笺谱》刊印于天启六年（1626 年），共两册，上册分画诗、钩蓝、飞白、博物、折赠、琱玉、斗草、杂稿八类，下册为选石、遗赠、仙灵、代步、搜奇、龙种、择栖、杂稿，共 149 图。卷首为颜继祖《笺谱小引》，略述成书始末。《十竹斋笺谱》成书于顺治二年（1645 年），初集四卷，卷一为清供、华石、博古、

清乾隆　朱红描金银龙戏珠纹斗方绢笺
故宫博物院藏

清　洒金绢手卷　故宫博物院藏

画诗、奇石、隐逸、写生七类，卷二为龙种、胜览、入林、无华、凤子、折赠、墨友、雅玩、如兰九类，卷三分为孺慕、棣华、应求、闺则、敏学、极修、尚志、伟度、高标九类，卷四为建义、寿征、灵瑞、香雪、韵叟、宝素、文佩、杂稿，计283图，卷首有李于坚《笺谱小引》和李克恭《十竹斋笺谱序》。值得注意的是，两部笺谱在视觉内容上颇为相似，大多以文人清玩为题，风格纤巧，刻印精雅，或借物象征，以表典故，或细笔铺陈，营造诗意。在制作方式上，二谱的突出成就是"饾版"、"拱花"技术的使用。所谓"饾版"，是依据画稿的用色，进行勾描、分版，每一色雕镌一版，再依照先浅后深的原则，逐色套印。因分色印版状类饤饾，故而得名。"拱花"则是先将图样以阴刻镌于版面，再覆以宣纸，上加薄毡，用木棍挤压，使纸面凸显出花纹。

清晚期　五色粉笺寿山福海纸　故宫博物院藏

清　紫色描金缠枝莲粉蜡笺　故宫博物院藏

不过，两部笺谱更大的价值，在于用典、修辞、画意等艺术层面上的探索，及雅俗文化阶层分工合作的实现上。此前胡正言刊印《十竹斋书画谱》，即延请顾起元、朱之蕃等名士为其题诗绘稿。《十竹斋笺谱》的刊印，同样有李克恭、高阳、高友等文人和职业画家的参与。以颜继祖在序言中所写“固翰苑之奇观，实文房之至宝”来形容二谱，绝不为过。

晚明笺谱奠定的艺术风格和印制范式对后世影响极巨，亦使得清代印笺在制作上以承袭为主，更注重实用和规范性。康熙年间，李渔主持刊刻的《芥子园画传》大获成功，其自制笺纸亦为时人追慕，仿效者众多。乾嘉时盛行画笺和以底纹、边框为主的花笺，北京、苏州、南京均有笺铺仿印。笺纸内容除传统的山水、草虫、人物之外，还有《西厢》、《红楼》等戏曲、

清晚期　粉色洒金彩绘花蝶绢笺　故宫博物院藏

小说情节。士人阶层中，翁方纲、阮元、王文治等仍保留了自印诗笺的传统，多以金石、古玩、书法入画。道咸以后制笺，多选用任颐、虚谷等海上名家画稿，明末以来的白描工细画风渐变为没骨写意，唯印制技术再未过之。其时笺纸的发展更趋世俗化，商人亦常取花笺书写，用于书信往来。晚清时西方科技文化传入，上海商务印书馆和机器造纸局用机器印笺，以获利为目的，大量生产。制笺为求新奇，亦有以克伦威尔、彼得大帝、华盛顿、拿破仑等“世界八大英雄”为题，在意蕴上已与传统的文房清玩相去甚远。

清末以降，社会变革频繁，传统文人生活、创作的社会土壤渐告崩解。石印术的推广，加剧了雕版印刷的边缘化，笺纸制作、赏玩、传播的体系受到严重破坏，亦无可避免地走向衰微。至鲁迅、郑振铎主持刊印《北平笺谱》，竟成雕印彩笺最后的绝响。民国初年，荣宝斋、松寿堂等店铺仍印制笺纸，精良不亚于古人。其余上海、杭州、广州等地，亦有私人制笺或出售印版。鲁、郑二人遂留意访求，并约请齐白石、陈半丁、王梦白等名家绘稿，组织梓工刻印，最终汇集成谱。《北平笺谱》完全复制了古代笺谱的制作方式，亦使传统审美模式和古版画

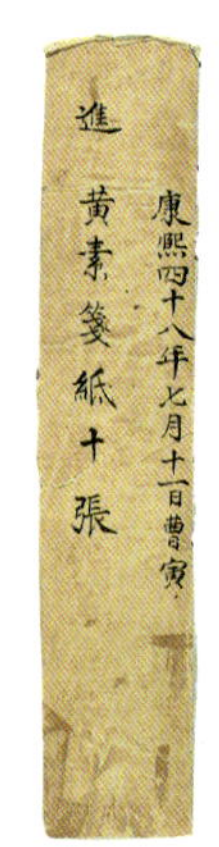

清康熙　曹寅进黄色粉笺纸
长 137.2 厘米　宽 62 厘米　故宫博物院藏

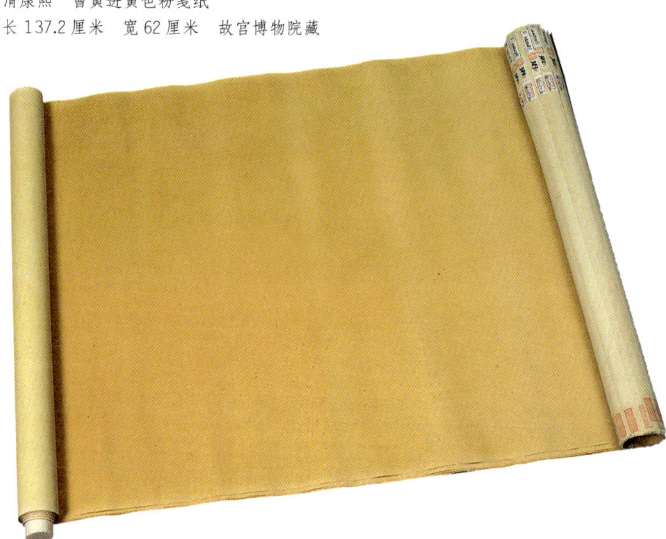

清乾隆　绿色描金折枝花粉蜡笺
长 203 厘米　宽 96.1 厘米　故宫博物院藏

在现代重新焕发出光彩。但我们也要看到，《北平笺谱》的参与者在相当程度上保留了旧式文人的特点，而这些特点，包括承载古代文学的阶层、器物和生活方式，则伴随 20 世纪中国社会文化的剧变，几于消失殆尽。《北平笺谱》序文中，似乎已预感到了这一点："意者文翰之术将更，则笺素之道随尽。"时至今日，荣宝斋、朵云轩仍有翻刻、雕印彩笺并结集出版，但笺纸已经失去了广泛流通的文化语境，只是作为精美的工艺品或拍卖市场的热点。历史在这里似乎又转回到起点，笺纸只在少数精英范围中流行，大多数人使用更加廉价、便利的工具书写，两不相扰。（李啸非）

清道光　洒金珊瑚蜡笺
长 175.5 厘米　宽 95.3 厘米
故宫博物院藏

清　木笺纸

长 21.6 厘米　宽 12.9 厘米　故宫博物院藏

闲说澄泥

最早接触澄泥砚，是友人带来的几方宋代袖珍澄泥砚，约掌心大小，石色极美，制作简约文雅，手上把玩惬意。喜爱之余，心里自然萌生拥有一方的念头，多年前从杭州买到一方明代玫瑰紫澄泥，砚呈圭形，两腰略收，砚池饱满，至今仍是自己心仪的。

澄泥砚的起源年代，历来莫衷一是，据说其工艺源于秦汉时期建造宫殿的砖瓦。成书于雍熙三年（986 年）的苏易简《文房四谱》云：“魏铜雀台遗址，人多发其古瓦，琢之为砚，甚工，而贮水数日不燥，世传云，昔人制此砚，其瓦俾陶人澄泥以缔绤滤过，胡桃油方埏填之，故与众瓦有异焉。即今之大名、相州等处，土人有假作古瓦之状砚，以市于人者甚众。”相州，古称邺都，魏武时期的金凤、铜雀、冰井三台均在这里，后邺都荒废，三台被毁，“唯有昭阳殿瓦不可坏”。当地好古者掘地得瓦，因其不渗，易于得墨，故几经磨制，琢刻为砚，名为“铜雀瓦砚”，或称“邺瓦砚”。《砚谱》评其优点曰：“质真而文细，击之清脆如金石声。人得此砚，不费笔而滋水发墨，贮水数日不渗。”北宋宰相韩琦也在诗中提到用邺瓦制砚的精妙之处，“邺宫废瓦埋荒草，取之为砚成坚好”，“片材无异圭璧真”，“墨光烂发波成轮”。但是“求者如麻几百年，宜乎今日难搜讨”。东坡亦赞云：“举世争称邺瓦坚，一枚不换百金颁。”铜雀瓦砚在历史上的名贵可想而知。

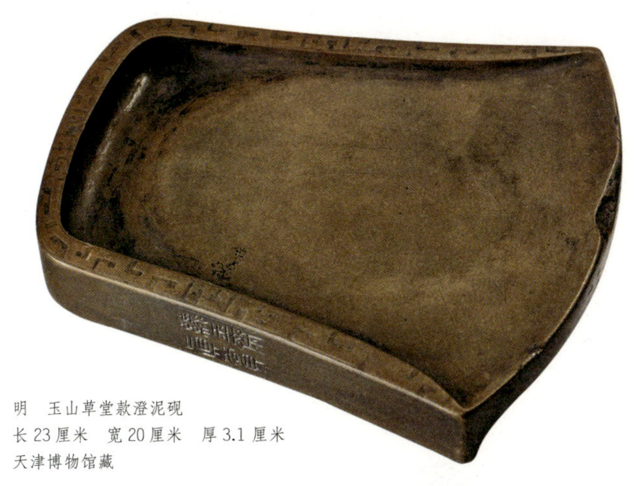

明　玉山草堂款澄泥砚
长 23 厘米　宽 20 厘米　厚 3.1 厘米
天津博物馆藏

明　玉山草堂款澄泥砚拓片

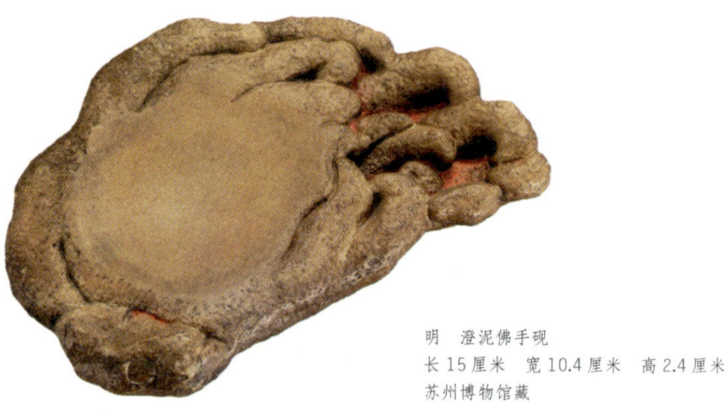

明　澄泥佛手砚
长 15 厘米　宽 10.4 厘米　高 2.4 厘米
苏州博物馆藏

明　许友铭抄手式澄泥砚
长 20.8 厘米　宽 13 厘米　厚 3.9 厘米
天津博物馆藏

澄泥砚制作历代多有著录，以苏易简《文房四谱》所载较为详尽："作澄泥砚法：以墐泥令入于水中，挼之，贮於瓮器内，然后另用一瓮，贮清水，以夹布囊盛其泥而摆之，俟其至细，去清水，令其干，入黄丹团和溲如面，作一模如造茶者，以物击之，令至坚，以竹刀刻作砚之状，大小随意，微阴干，然后以利刀刻削，如法曝干，再以稻糠并黄牛粪搅之，而烧一伏时，然后入墨蜡，贮米醋蒸五七度，含油益墨，亦足不亚于石。"共有十余道工序之多。

从唐代起，澄泥砚在文房用品中占有独特的地位，和端砚、歙砚、洮河砚并称为"四大名砚"，史称"三石一陶"。唐代澄泥砚的制作方法就是在陶瓦的制造基础上改进而来的。鉴于陶和泥之间缘故，有人认为泥可以归为陶这一大系，是可以理解的。但澄泥砚与陶砚的差别是，凡使用曾经仔细淘洗、过滤的细泥土，经烧制而成砚者，其质地耐磨而不渗水，称为澄泥砚。若天然泥土，未经仔细淘洗过滤，即送去烧制成器，其质地松软，且易渗水，又不耐磨者，即是陶砚。澄泥砚以沉淀之河泥为原料，砚胚有两种成型情况，一是直接就沉积收集的泥胚裁切；一是就泥胚加入特殊配方，如黄丹、云母、磨细的石末，再揉制成二次泥胚。用第一种方式成胚，因为沉积的时间不同，河水悬浮物的不同，因此泥胚的侧理就会出现颜色不同的薄层。总的来说，澄泥砚改变了之前陶砚原料单一化的本质。

古代澄泥砚产地较多，以虢州、绛州、青州（潍州）等为主要生产中心。宋李之彦《砚谱》云：“虢州澄泥，唐人品砚以为第一。”又《旧唐书·柳公权传》云：“常评砚，以青州石末第一，言墨易冷。绛州黑砚次之。”在制作方法上不同的产地也存有差异。五代南唐张洎的《贾氏谭录》言绛州澄泥采用特殊的过滤方法：“绛县人善制澄泥砚，缝绢囊置汾水中，逾年而取之,沙泥之细者已实囊矣。陶为砚,水不涸焉。”唐询《砚录》青州人将石研成粉末加入澄泥砚中，改良质地品质。

澄泥砚历代都有制造，但在制作工艺上也不断发生变化，明清时期的澄泥砚更加细腻，呈玻璃化质感。

从目前可见澄泥砚看，早期的澄泥砚以利刀削制成砚，再入窑烧，砚形、墨池、覆手、纹饰上都能看出明显痕迹。到了宋代，澄泥砚的烧制工艺已成熟，制作亦更为精湛。《西清砚谱》所载张轼写经澄泥砚、虎符澄泥砚等都是其中佼佼者。明以后，无论质地还是制作上，澄泥砚都更接近石砚的感觉，其制作工序多为烧制砚坯成型后再打磨。此时的澄泥砚虽精细光润，却失去了早期制作所展现的原始质朴气质。

澄泥砚入窑烧制，窑变幻化出不同色调，丰富多样，以朱砂红、鳝鱼黄、蟹壳青、绿豆沙、玫瑰紫为上乘颜色。天津博物馆藏明代荷鱼朱砂澄泥砚最为人熟知、最具代表性，其呈现的朱砂红色，鲜艳夺目，是澄泥中上品。

明　门字形鳝鱼黄澄泥砚及拓片
长 24.5 厘米　宽 19.5 厘米　厚 4.8 厘米
天津博物馆藏

故宫博物院现藏清代乾隆年间制作的御铭仿古各式澄泥砚，为乾隆四十年（1775 年）制品。此套砚共计 6 方，共装于紫檀雕云龙盒内，盒面填金刻“萃珍含润”四字隶书。6 方砚均为上等澄泥烧制，分别仿汉、唐、宋砚之典型形制：一面雕刻砚式，分别命名仿汉未央砖海天初月砚、仿汉石渠阁瓦砚、仿唐八棱澄泥砚、仿宋玉兔朝元砚、仿宋天成风字砚、仿宋德

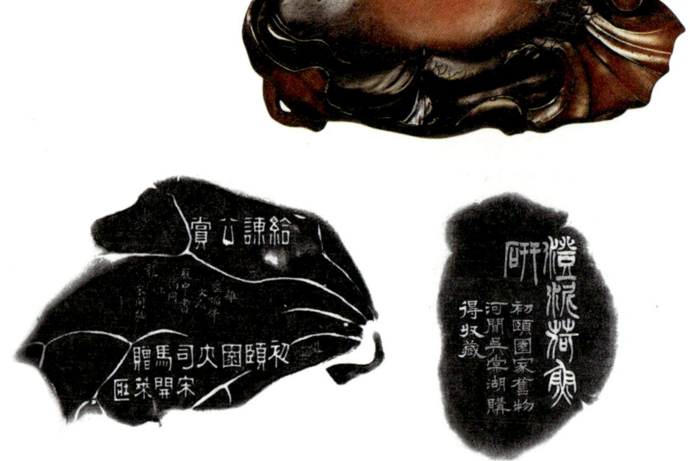

明　荷鱼朱砂澄泥砚及拓片
长 24 厘米　宽 15.4 厘米　厚 2.2 厘米
天津博物馆藏

清乾隆　御铭仿古各式澄泥砚
故宫博物院藏

寿殿犀文砚；另一面分别镌刻乾隆御制诗文，文尾均署“乾隆御铭”字样并嵌款。6 方砚分别配有精制紫檀木盒，木盒正中或上端镶嵌白玉，与盒面填金御铭相映生辉。整套砚装潢考究，为乾隆时期特制御用砚品。（殷子安）

御铭澄泥砚之仿唐八棱砚

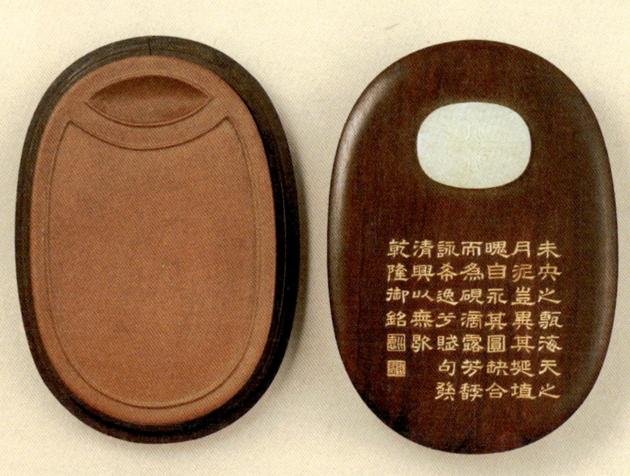

御铭澄泥砚之仿汉海天初月砚

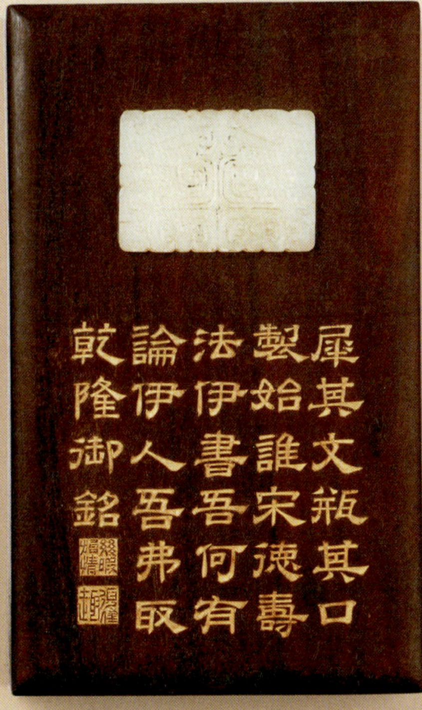

御铭澄泥砚之仿宋德寿犀纹砚

未央之瓴海天之
月泥豈異其埏埴
晛自示其圓缺合
而為硯滴露芳馨
詠希逸之賦句
清興以無斁
乾隆御銘

砚，百看不厌

当年龄已不允许出走，当阅读已经变成生活的历练，当情感在岁月中得到了升华，这时，我所希望做的，是足不出户，像林语堂那样倚窗看门前花溪的烟雨，像金冬心那样摩挲案头藏砚的风情。我收砚，只为观看，赏玩，附庸风雅罢了。

古人好砚，自不必说，远的有自挖金星石制砚的晋人陶渊明，爱石复爱砚的宋人米元章，视砚如命的南唐后主李煜，以及中国第一大文人苏东坡；近的有清代的“百二砚田富翁”金农，“九十九砚斋主人”纪昀，以及齐白石。齐白石曾在自己一方爱砚上题铭：“片真老坑石也，是吾子孙不得与人。”可最终还是把砚送给了毛泽东。

可以想象，金农家中的百二方砚，有些睡在宝匣中，有些陈放在案头之上、床榻之旁，随主人四季轮转、日落月升。而纪昀伴着藏砚老去，案头之砚对于老人已不为使用和赏玩，更多地是为了回忆，他 77 岁写下“半生心力坐消磨，纸上烟云过眼多，拟筑书仓今老矣，只应说鬼似东坡”的心灵历程，纸砚烟云对他就是人生。

今人的电脑，细想起来，亦是纸砚笔墨的堆积合成，可书写，可观赏，可宣泄。古人没有这劳什子，有的只是看砚、挥毫，终日难舍，不离不弃的钟爱之情。苏轼看到家中书籍成叠，书幌飘飘，案砚如新，遂写下“小窗书幌相妩媚，令君晓梦生春红”，他把砚看作可生春红的清新景象。高凤翰则较为深沉，他从眼前摆放的诸多古砚中，看到人生的起伏，生活的跌宕。他在《砚史》中说“一瓦之微亦有世道升降之感”。由于他把砚类比为人生，类比为人之友，“即墨侯”，所以生死追随，与砚同葬。

人观砚，砚观人，砚是人生，砚更是风景。明代文人陈继儒说:“文人有砚，如美人之有镜也，砚以静为用，是以永年，砚与文人相伴，与笔为砚田，与墨相濡而合。”意思说文人把砚当伴侣，可以相濡以沫，如夫妻一般，这是文人的砚石观，

宋　乾隆题诗端石修禊图砚
长 25.9 厘米　宽 16.4 厘米　高 8.4 厘米
故宫博物院藏

也是砚石的人生观。说到砚是风景，则较好理解，据说有史记载的石砚，有 140 余种，产地遍及全国各地，仅较知名的，端、歙、洮河、红丝、松花砚就分别占据东南西北中，无不出自山川秀水之中，所以说，砚是最有地域感，最具风情，最牵乡愁的文玩，这也是明清著名藏砚家和鉴赏家收藏各种砚质、砚品和砚铭的原因。赏砚已不为写字，而是一种情感寄托和审美活动。宋代王迈诗句“多谢吾家即墨侯，朝濡暮染富春秋”就是文人一怀情愫的写照。“夕阳照个新红叶，似要题诗落砚台”，这是唐人司空图留给我们的夕阳斜照小砚台，一抹红晕

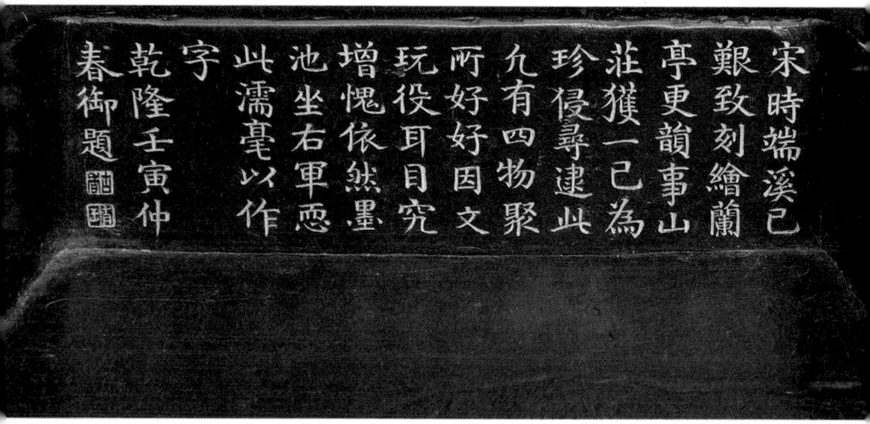

宋　乾隆题诗端石修禊图砚（局部）

欲题诗的窗台小景，似乎笔墨在嫉妒窗外的斜阳，不经主人允许，就挥洒题诗。

“砚渚清风”是西江二十景之一，李煜宝砚“砚池鼓蛙”是荷塘夜色的清幽，米芾的砚山是抱眠三日的娇妻，黄庭坚喜黄石砚，说它是“乃知此山自材美，物以致用当穷搜”，五台山的台砚能“镇邪驱魔”，总之，对于砚的世界与精神，古人早有“一砚一故事，一砚一天国”的美赞。

陆游从砚中看到“瘴雨蛮烟，紫云摩天，金声玉质”的气韵，文天祥则看到“砚虽非铁难磨穿，心虽非石如其坚”的品格，高凤翰赞叹红丝砚“美不美，乡中水”的思乡之情，同时又发出“何必乎，歙之黟，端之紫”的不屑。韩偓看到砚中有“丹青笔，锦绣诗”，徐铉看到“自得山川秀，能分日月精”的神气。李贺称端砚为“踏天磨刀割紫云”，欧阳修独喜歙砚，赞其“润无声，鬼神惊”，皮日休更是联想丰富，说“石墨一研为凤尾，寒泉半勺是龙睛”，更夸张的还有郑獬，他要把砚“磨出海鲸血，凿成天马蹄”。

有些文人从砚石中看到社稷、家国。韩琦在他的《铜雀砚诗》中写道:“故瓦凿成今日砚，待教人世写兴之。”张中行写:“文房建业犹遗恨，龙尾飘零几回还。”

有人把砚看作友谊象征，比如，陆龟蒙说“君能把赠闲吟客，偏写江南物象酬”指以砚为谊可相赠，黄庭坚说“不

明　正德六年款石几砚
故宫博物院藏

轻不燥禀天然，重实温润如君子”，砚之君子之风，历历在目。南宋冯延登一边等友人，一边看一方洮砚，遂写道“芸窗尽日无人到，坐看元云吐翠微”，以遣寂寞之情。

古人对砚的珍视，由砚引发的诗情和人生感悟在千年后仍能打动我们。当下之砚，仍是文房，但多为象征，而非实用品，就是书画大家，虽挥毫泼墨，书写翰墨人生，但对于好砚，藏砚仍象古人一般只赏不用，拿它当君子，当朋友。摆看，把玩，细品，摩挲，倾听，揣摩，仍是文人与砚，砚与知己的耳鬓厮磨，如胶似膝。

我家也有一条长长的书案，摆在窗边一米处，既可防太阳直射，又可观窗外风景。我的几方老砚就恭敬地陈放其上，使它们成为一处近景，一个特写。我常在夜深月淡之际，因砚而诗，“细数树枝窗外影，不觉观砚入禅乡”，亦或是“倚窗未觉夜月冷，思绪抚砚案头香”。藏名砚，体会名人藏砚是

清雍正　端石镂空方胜纹铜盒暖砚
故宫博物院藏

清中期　水晶砚
故宫博物院藏

清中期　白玻璃抄手砚
故宫博物院藏

一回事，自己收集几方老砚，试学古人那般发思古幽情是另一回事。套用一句热词，砚各有各的不同，文人对砚的感情大多相同。“案头砚排队，不知应怜谁，端歙澄洮品，件件动心扉”，这首小诗说的就是我对每块砚的爱慕感觉。

我经常摩挲的是一方三彩多足辟雍砚，因为只有巴掌大小，便于把玩，三彩釉面滑润，拂拭时有一种亲和力，没有隔世的遥远感，它的温柔带给我平静，让我领悟天地的微缩，陶土的精华。它真的很贴近唐诗，自然而华贵，圆通而精致。虽然不能像米元章那样抱砚而眠，却总是捧着它迎接夕阳，让绿白黄的三彩再多一丝红晕，重演“夕阳照个新红叶，似要题诗落砚台”的唐诗意境。

还有一方不宜把玩，只能观赏品味的瓦当砚。收它不仅是因为稀见，更是为了体悟秦皇汉祖的雄风。瓦当陈案，似乎已非文房笔墨之属，而是一座宏大建筑的遗存，一抹昔日辉煌的余晖，砚盖上的玄武纹飘逸雄浑，不减当年铜雀台的凛凛威风。难怪宋人韩琦喊出“故瓦凿成今日砚，待教人世写兴亡”的慨叹。汉魏风骨，阳刚之气，我写不出来，所以

清　端石素池长方砚

故宫博物院藏

以砚为寄，不忘先人情怀。

案头顶端，有意摆放一方长方形平板大端砚，此砚通体紫色，墨迹斑斑，开窗之际，微风徐徐，引得紫气东来。石本得山川秀，日月精，如果能够因材施用，保持其自然之美，才是制砚用砚之妙。琢石也讲好料不上工，任何一丝雕琢可能就是一分亵渎，一次暴殄天物。这块砚板，敲击如磬，抚之如肌，砚池细滑，却下墨如雪。这块紫端就是我书房的紫云、紫气，虽然“文玩案头皆不用”，却可“了做寄托遣情怀”。

清乾隆　御铭绿端石炉瓶式池长方砚
故宫博物院藏

清乾隆　端石月华砚砖
故宫博物院藏

清乾隆　御铭端石霭霭融砚
故宫博物院藏

北宋晁补之有一联说洮砚的诗："洮河石贵双赵璧，汉水鸭头如此色。"这至少指出了两点：洮河砚石珍贵，洮砚为鸭头绿色 。我案头的一方洮砚，圆形，三足，直径 16 厘米，题材是鹰捕雉鸡，由于体形大，不宜拿起，拂拭表面可以感觉石质细嫩和刀工的冷峻。盖盖看雕刻，掀盖看石纹，石材中的金线晕染，如山峦烟云。

清　端石套砚　故宫博物院藏

写到这里突然想起宋代诗人陆游的两句诗“水复山重客到稀，文房四士独相依”，诗中的客或许是来了又去的主人，亦或是主人已将书房托付给了“文房四士”，它们独相依，仍是为了等待它们心目中的主人，那个水复山重的游子。古时的文人变成了今天的文化人，古时的文房变成了今天的书房。我们在书房中的感觉似乎已迥异于古人。我试着还原古人的心境，追溯古人的情怀，看案头旧砚，联想它们的故事：“案头藏砚千秋岁，各自主人均未随，砚身有痕墨含泪，摩挲以为情可追。”（谢强）

图书在版编目（CIP）数据

天子的书房/ 程子衿主编. －北京 :故宫出版社，
2016.8（2018.6重印）
（紫禁城悦读）
ISBN 978-7-5134-0891-2

Ⅰ. ①天… Ⅱ. ①程… Ⅲ. ①宫廷－文化用品－介绍－中国－明清时代 Ⅳ. ①K875.4

中国版本图书馆CIP数据核字（2016）第180083号

紫禁城悦读·天子的书房
程子衿◎主编

出 版 人：王亚民
责任编辑：熊英洁 宋 文
装帧设计：王 梓 梅 子
出版发行：故宫出版社
地址：北京市东城区景山前街4号 邮编：100009
电话：010-85007808 010-85007816 传真：010-65129479
网址：www.culturefc.cn 邮箱：ggcb@culturefc.cn

印 刷：北京启航东方印刷有限公司
开 本：787毫米×1092毫米 1/36
字 数：95千字
印 张：4.75
版 次：2016年8月第1版
2018年6月第2次印刷
印 数：5001～11000册
书 号：ISBN 978-7-5134-0891-2
定 价：36.00元